엄마 아빠, 나의 외침이 들리나요?

엄마 아빠, 나의 외침이 들리나요?

초판 인쇄 2011년 2월 28일
초판 발행 2011년 3월 4일

지은이 ｜ 가나모리 우라코
옮긴이 ｜ 정두근, 남유선
펴낸곳 ｜ 아인북스
펴낸이 ｜ 윤영진
등록번호 ｜ 제305-2008-00019호
주소 ｜ 서울시 종로구 내수동 72
　　　경희궁의아침 3단지 오피스텔 1104호
전화 ｜ 02-926-3018　팩스 ｜ 02-926-3019
메일 ｜ 365book@hanmail.net
블로그 ｜ naver.com/bookpd

ISBN ｜ 978-89-91042-35-3　13180
정가 ｜ 10,500원

■ 잘못 만들어진 책은 바꾸어 드립니다.
■ 값은 뒤표지에 있습니다.

엄마 아빠,
나의 외침이 들리나요?

가나모리 우라코 지음
정두근·남유선 옮김

아인북스

최근 들어 아이들과 관련된 안타까운 사건들이 연일 일어나고 있다. 아이를 키우는 부모 입장에서는 불안만 늘어갈 뿐이다. '내 아이가 피해를 입으면 어떡하나' 하는 불안을 넘어 '만일 내 아이가 남에게 피해를 입히면 어떡하나'라는 불안도 마음 깊은 곳에 숨어 있다. 설령 지금까지는 그런 일이 없었더라도, 바로 어제까지 '집안의 자랑'이던 아이가 어느 날 갑자기 '집안의 근심거리'가 될지도 모른다는 것을 알기 때문이다.

아이들은 온갖 스트레스에 노출되어 있다. 그 결과, 아이들과는 상관없는 병으로 여겨지던 우울증을 겪는 아이들이 늘고 있고, 홋카이도대학의 조사 결과 우울증 초기 증상을 보인다고 판정된 아이가 초등학생 중 7.8%, 중학생 중 22.8%나 되었다. 또한 일본학교 정신건강학회에서 발표한 자료에 따르면, 등교를 거부하

는 초등학생 및 중고생의 30% 이상이 소아청소년 우울증으로 판
정되었다고 한다. 더욱 가슴 아픈 부분은, 조사에서 '살아봐야 별
수가 없다고 생각될 때가 있는가'라는 질문에 '언제나 그렇다',
'때때로 그렇다'라고 응답한 비율이 총 18.8%나 된다는 것이다.

나는 치료사로서 등교거부, 거식증, 폭식증, 강박신경증, 비행,
그 외에도 다 말할 수 없는 다양한 사례를 접해왔다. 그때마다 부
모들은 '왜, 어째서 우리 아이가!' 하고 낙담하며 도저히 믿을 수
없다는 반응을 보인다. 하지만 사실 아이들의 문제는 부모가 살
아온 방식과 밀접하게 관련되어 있다.

내가 주관하는 〈SEPY 클럽〉에서는 정기적으로 부모들의 모
임을 연다. 부모와 자녀는 자신들에게 닥친 문제에 정면으로 맞
서 이를 극복하자는 의지를 다지며, 자신들이 체득한 해결책을
발표하고 서로 의견을 교환하기도 한다. 한 달에 한 번 열리는 이
부모들의 모임은 160회를 맞았다. 이보다 조금 늦은, 올해로 3년
째를 맞은 〈엄마의 행복은 모두의 행복〉이라는 이름의 세미나에
서는 청년들이 각기 힘든 시련을 넘긴 후 비로소 행복한 길을 찾

게 된 과정에 대해 발표한다. 그리고 차분하고 진지한 분위기 속에서 힘 있는 독소리로 서로에 대한 감사와 감동의 말을 전한다. 저마다 다양한 문제들을 안고 있는 부모들로서는 같은 고민을 공유할 누군가가 있다는 것이 큰 힘이 된다. 또한 다른 사람의 체험을 통해 자신의 문제 해결에도 많은 도움을 얻고 있고 있다.

이러한 생생한 목소리를 보다 많은 사람들에게 들려주고 싶은 마음에서, 발표 내용을 근간으로 한 아홉 명의 사례를 책으로 담았다. 부모와 자녀가 직면한 문제에 대해 전문 상담가 등 제3자의 입장에서 쓴 책들은 적잖이 나와 있지만, 그들의 생생한 목소리를 그대로 담아낸 책은 손으로 꼽을 정도다. 그렇기 때문에 이 책에서는 필자의 의견은 되도록 줄이고, 당사자들의 목소리를 있는 그대로 전하고자 노력했다. 아홉 가지 사례들 중, 부모와 자녀가 직접 등장하는 이야기에는 각각 이름을 넣었고, 아이만 등장한 사례에서는 이름을 생략했다.

하나하나 힘들고 가슴 아픈 기억임에도 불구하고, '같은 근심 거리를 가지고 있는 이에게 도움이 될 수 있다면…' 하는 마음으

로 이 책에 소개되는 것을 기꺼이 허락해준 모든 분들께 다시 한
번 깊은 감사의 뜻을 전한다.

1장

느린 속도로
자신을 발견하다

10년간의 슬럼프를 극복하고
스물세 살에 고등학교에 진학하여
스물일곱 살에 대학생이 되기까지

이름: 히가시 타케시(남, 27세)
가족: 아버지(회사원), 어머니(주부), 형

바람까지도 화사하게 느껴지는 춘삼월의 어느 날, 히가시 타카에는 마치 북풍을 마주하여 나아가듯 어깨를 움츠리고 고개를 파묻은 채 걷고 있었다. 그날은 둘째 타케시의 중학교 졸업식이었다. 하지만 아들 없이 타카에 혼자 중학교 교문을 들어섰다. 졸업식이기는 하지만, 그동안 학교에 나오지 않은 학생들만을 위해 특별히 교장실에서 열리는 졸업식이었다. 그리고 타케시는 이 졸업식마저 오려고 하지 않았다.

교정의 벚나무는 봉곳하게 봉오리를 부풀리고 금세라도 꽃을 피우려 하고 있었다. 동급생들은 모두 고등학교 진학을 준비 중인데, 타케시는….

'왜, 이런 일이?'

저의 머릿속에는 불안한 상상과 죄책감뿐이었습니다. '초등학교, 아니 중학교 1학년까지만 해도 성적도 좋고 선생님과 친구들에게 인기도 많은 아이였는데 도대체 왜?'

온갖 생각이 빙글빙글 어지럽게 머릿속을 맴돌았죠. '첫째랑 똑같이 엄하게 키웠던 것이 잘못이었을까? 엄마인 내 간섭이 너무 심한 탓이었나? 아니면 아이가 원하는 만큼 충족시켜 주지 않아서?'

그러나 결국 '하지만 똑같이 키운 첫째 아이는 아무 문제없이 자라고 있는데…' 하고 언제나 같은 결론에 다다르고, 또다시 '그런데 왜?'라는 의문과 자책이 꼬리에 꼬리를 문 채 겉돌고 말았습니다.

타케시가 변하기 시작한 것은 중학교 1학년 2학기 때이다. 학교에서 돌아오면 교복도 갈아입지 않은 채 소파에서 그냥 잠들어버렸고, 때로는 그대로 아침까지 자버리는 경우도 있었다고 한다. 당시 타케시는 테니스 동아리 활동을 하고 있었고, 담당 선생님이 꽤나 엄격했다고 하니 무척이나 피곤했을 것이다. 단지 첫째 아이는 아무리 지쳐도 집에 돌아오면 바로 씻고 옷을 갈아입었기 때문에, 그런 타케시를 보며 '단정치 못한 녀석이네' 하고 생각했지만 별 대수롭지 않게 여겼다. 당시에는 그런 행동이 아이가 학교와 점점 멀어지는 계기가 되리라고는 꿈에도 생각지 못했던 것이다.

표정으로 드러나는 무언의 강요

타케시가 학교에 가기 싫어하는 날이 늘어난 것은 그 이듬해 부터였다. 그때부터 아이는 무슨 이유나 핑계를 대서라도 학교를 쉬고 싶어 했고, 아버지에게 혼나면서 억지로 집을 나서는 날이 점점 많아졌다.

당시 타카에는 라디오의 교육상담 프로그램에서 아이의 등교 거부에 대한 정보를 종종 들었던 터라 등교를 무리하게 강요해 서는 안 된다고 생각했다. 그래서 남편이 아이를 혼내면서 억지 로 학교에 보낼 때마다 마음속으로 '실은 저렇게 해선 안 되는 건 데…' 하고 생각했다. 하지만 '저러다 혹시 영영 학교에 안 가버리 면 어쩌나' 하는 불안감으로 그저 남편이 하는 대로 지켜보기만 했다.

얼마 후, 타케시의 아버지는 지방으로 발령을 받게 되었고 어 쩔 수 없이 아이는 어머니인 타카에 혼자 떠맡게 되었다. 그로부 터 반년이 지난 2학기 기말고사 무렵, 타케시는 아예 학교에 나 가지 않게 되었다. 이 상태에 이르기까지 어머니 타카에도 타케 시 자신도 매우 힘든 시기를 보냈다.

당시 타케시는 어떤 생각들을 하고 있었을까? 현재 스물일곱 살이 된 그에게 당시의 기억을 돌아보게 했다.

초등학교 때는 공부도 잘하는 편이었어요. 줄곧 1, 2등을 했죠. 자존심도 강했고, 뭐든지 남에게 지기 싫어했어요. 하지만 중학교에 들어가니 뭔가 다르더군요. 그것이 뭔지는 잘 모르겠지만…. 부모님이 꽤나 엄하신 편이었지만, 그것 때문에 힘들거나 하지는 않았어요. 지금 생각해보아도 이렇다 할 확실한 원인은 모르겠어요. 아마 처음에 슬쩍 수업을 빼먹고 하던 것이 조금씩 반복되면서 점점 공부가 어려워졌기 때문일 거예요. 그래서 처음에는 '아, 학교에 제대로 나가지 않으면 안 되겠다' 하고 스스로 반성하기도 했죠. 한편 그러면서도 점점 '뭐 괜찮겠지' 하는 식으로 되어갔고, 그 때문에 아버지로부터 "학교에 가!"라는 말씀을 들을 때마다 오히려 '싫어요!' 하는 마음이 더욱 굳어졌어요. 그 무렵 저는 학교에 '안 가'와 '못 가' 사이에서 혼란스러워했고, 다시 1년 가까이 지났을 때는 이미 '안 가' 쪽으로 기울어 있었습니다.

가끔씩은 학교에 나가던 당시, 담임선생님은 타카에에게 "일단 아이가 학교에 오면 밝게 잘 지내는 것 같으니, 되도록 학교에 나올 수 있도록 해 주세요"라고 말했다. 그러다보니 타카에에게는 매일 아침 조마조마한 마음으로 아이가 일어나기를 기다리는 것이 일이 되었다. 아이가 일어나면 기쁜 마음에 서둘러 아침상을 차렸고, 내내 웃음 띤 얼굴로 학교에 보냈다. 하지만 반대로 아무리 기다려도 아이가 일어나지 않는 날에는, '역시 무리인 걸까' 하고 침울해졌다.

이것은 등교거부 자녀를 둔 어머니들이 거의 공통적으로 보이는 반응이다. 어머니로서는 '무리하게 강요하지 말자'는 다짐에서 나름대로 최선의 노력을 한 것이지만, 아이는 이것을 민감하게 알아차리고 말았다. 등교하는 날에는 어머니의 얼굴이 활짝 피고, 그러지 않는 날에는 그늘진 모습의 변화를 보인다는 것은, 결국 자녀에 대한 무언의 강요와 다를 바 없었다.

아무리 아이에게 맞추려 해도, 부모의 기대는 드러난다

이 무렵 타케시는 많은 불평불만을 늘어놓았다. 그중에 타카에의 마음에 걸렸던 것은, "엄마는 어렸을 때 뭐 하나 원하는 걸 사준 적이 없어"라는 말이었다. 당시 타카에는 첫째 아이에게도 둘째인 타케시에게도 '절대로 불필요한 물건을 생각 없이 사주지 않는다'는 원칙을 고수하고 있었다. 정말 필요한 물건이 아니면 아이가 아무리 원해도 생일이나 크리스마스 같은 특별한 날 이외에는 사주지 않았다.

용돈도 첫째 아이와 똑같이 한 달에 1,000엔이었다. 첫째 아이
는 그것으로 만족하고 어떻게든 그 안에서 해결했지만, 타케시는
그것으로는 만족하지 못했던 모양이다. 아예 학교에 나가지 않게
된 무렵부터 타케시는 종종 그간의 불만들을 늘어놓았다. 처음에
는 "그때는 이런 이유로 사주지 않았던 거야" 하고 하나하나 설
명해주었다.

당시 저는 한 전문 상담가로부터 "아이에게 이제까지 쌓였던 불만들을
전부 내뱉게 하고, 그것을 해결해주면 안정을 찾아갈 겁니다"라는 조언
을 들었어요. 그때부터 아이가 불만들을 말할 때면 "정말 갖고 싶었구
나. 엄마가 그때 사주지 못해서 미안해" 하고 아이의 기분을 풀어주도
록 노력했죠.
그렇게 하니 아이의 불평불만이 조금씩 없어지더군요. 그때 저의 마음
속에는 '아이가 불만을 해소하면 어떻게든 학교에 가주지 않을까' 하는
기대가 있었어요. 분명 아이는 그것을 알아채고 있었던 것 같아요.

얼마 후 타케시는 또래 아이들보다 1년 늦게 고등학교 입학시
험을 치렀지만 떨어지고 말았다. 또다시 학교에 가지 않는 생활
이 이어졌다.
타카에가 나에게 상담을 받으러 온 것은 그 일이 있고 난 얼마

후였다. 그전에도 〈자유공간 SEPY〉에서 주재하는 부모들의 모임에는 몇 번인가 참가했지만 상담은 처음이었다. 나는 상담을 통해 타카에 자신의 성장과정에 대해 물었다. 아이의 일로 상담하는 중에 자신의 성장과정에 대한 질문을 받자 타카에는 당황하는 것 같았다.

사실 등교거부 자녀의 문제를 해결하는 열쇠가 부모의 성장과정에 잠재되어 있는 경우가 의외로 많다. 실제로 이야기를 하면서, 타카에는 자신이 매우 엄격한 부모님 밑에서 자랐고 그런 부모님을 원망하면서 살아왔다는 사실을 알게 되었다. 게다가 그녀의 부모님은 항상 금전문제로 불안한 상태였고, 그것이 은연중에 타카에 자신에게도 전해졌던 것을 기억했다. 한 번은 그녀가 모임에서 어린 시절의 기억에 대해 이렇게 밝힌 적이 있다.

저는 마치 불안의 망망대해를 헤엄치는 기분으로 자랐습니다. 언제나 불안과 걱정을 껴안고 계신 부모님을 보며 자랐고, 언제부터인가 제 자신에게도 그런 걱정이 붙어 다녔죠. 그래서일까요? 저는 늘 '인생이란 괴로운 것이다', '원하는 것이 있어도 참아야만 한다'라고 생각하며 살아왔습니다. 결혼해서도 제 자신은 언제나 나중이었어요. 나보다는 부모님, 나보다는 남편이 우선이라고 생각했습니다. 다시 말해 늘 우려와 걱정 속에서 살아온 거죠. 언제부터인가 타케시도 그것에 반항과 의문을 갖게 된 것 같아요.

타케시가 학교에 가지 않게 된 무렵, 그녀의 불안은 타케시에게 부정적인 압력을 가했을 것이다. 타케시의 성장과정을 들어보았더니, 어렸을 때 집에만 틀어박혀 외부와 접촉을 끊곤 했던 일도 종종 있었다고 한다. 거기에다 등교거부 상태까지 되고 나서는, 강박신경증적인 증상도 나타났다. 예를 들어 밖에 나갔다 들어오면, 곧바로 욕실로 가서 발을 씻고 욕실 슬리퍼를 신은 채 방문 앞까지 가서 슬리퍼를 벗어놓고서는 방 안에 들어갔다. 때로는 바지가 더러워지는 것이 싫다며, 형이나 아버지에게까지 바지를 벗고 소변을 보라고 요구하기도 했다. 만약 거부하면 그렇게 할 때까지 집요하게 다그친 적도 있다.

아이에게 의존하는 엄마

어느 날인가 타카에에게 그림을 그려보게 했다.

큰 나무 한 그루와 둥근 모양의 관상용 나무 한 그루를 그린 그녀는 두 번째에도 나무를 두 그루 그렸다. 한 그루는 자기 자신을, 나머지 한 그루는 타케시를 상징하는 것처럼 보였다. 아이들에게 그림을 그려보게 하면 종종 이런 그림을 그린다. 가령 나무를 그려도 동물을 그려도, 어딘가에 반드시 어머니나 아버지, 혹은 가장 친한 친구를 그려 넣는 것이다. 그것은 아이가 아직 부모님이나 다른 누군가에게 의존하고 있음을 보여준다. 타카에의 그림을 보면서 나는 "타카에는 아들에게 의존하고 있는 것 같군요" 하고 말했다. 타카에는 매우 놀라는 것 같았다.

"그럴 리가요. 의존하고 있는 것은 아이 쪽이죠." 분명 그녀는 이렇게 이야기하고 싶었을 것이다.

처음에는 확실히 그렇게 생각했습니다. 하지만 잘 생각해보니, '이 아이는 앞으로 어떻게 되는 걸까' 하는 불안에 사로잡혀 있었고, 그런 불안한 상태로 아이를 대하는 것 자체가 의존이었더군요.

그런 제게 어느 날인가 가나모리 선생님이 이런 말씀을 하셨어요. "아이의 지금 있는 그대로의 모습을 받아들이면 되는 거예요. 아이는 아이의 인생을 걸어갈 테니, 당신은 당신 자신의 즐거움을 찾아야만 해요." 그리고 이런 조언도 덧붙이셨습니다. "뭐든지 아이를 우선으로 해줘보세요. 아이가 원하는 것이 있다면 모두 해주세요. 그것이 돈이라 하더라도 아까워하지 말고요."

솔직히 이 말씀을 들었을 때는 '설마' 하는 의심이 앞섰습니다. 하지만 일단 시험 삼아 해본다는 생각으로 실천했어요. 마음속에 전혀 거리낌이 없었던 것은 아니지만, 그때까지의 저로서는 대단한 결심을 하고 도

전한 거죠.

처음에 아이가 "3,000엔이 필요해"라고 했을 때, 망설임 없이 "그래, 여기 3,000엔" 하고 내주었습니다. 그후 다시 아이가 "5,000엔이 필요해"라고 하자 역시 주저하지 않고 그만큼 내주었죠. 그러던 가운데 문득 머릿속을 스쳐간 생각이 있었어요.

'아이가 3,000엔이 필요하다고 말했을 때, 실은 5,000엔이 필요했던 것일지도 모르겠구나. 처음부터 솔직하게 다 요구할 수가 없어서 조금씩 자제했던 것이구나….'

그 후 저는 아이가 용돈이 필요하다고 하면 조금씩 '덤'을 얹어서 주기로 했습니다.

어떤 일이 일어났을까? 결과는 잠시 후에 보기로 하고, 그전에 역시 돈과 관련하여 일어났던 일을 하나 더 소개하겠다.

돈이 형제의 우애를 돈독하게 할 때도 있다

타케시는 게임을 좋아해서 용돈을 모아서 게임프로그램을 사곤 했는데 가끔씩 형이 그것을 빌려 쓸 때가 있었다. 그러던 어느 날, 타케시가 "형은 늘 내 것을 빌려 썼으니까 10,000엔만 빌려줘" 하는 요구를 하기 시작했다. 거절하면 몇 번이고 요구해서 첫째 아이가 난감해 한다며, 타카에가 상담을 요청했다.

"그런 것은 부모님이 대신 줘보세요." 나는 이렇게 대답했다.

즉, 형에게 미리 10,000엔을 줘서 동생이 전처럼 요구할 때 "자, 내가 게임프로그램을 빌려 쓰는 값이다" 하고 줄 수 있도록 하는 것이다. 맺고 끊음이 확실한 첫째의 성격을 보건데, "녀석한테 그렇게 해주었다간 버릇 들어요"라고 할 것이 뻔했다.

그럴 때는 형에게도 10,000엔을 주면 된다. 돈으로 매수하는 것 같아 보이긴 하지만 분명히 아니라고 말할 수 있다. 타카에 가족은 문제가 있을 때마다 내 말을 따랐다. 그 결과는 어땠을까?

어느 날 형 하루오가 졸업논문 준비에 매달려 있을 때였다. 밤이 늦어 컴퓨터로 문장을 옮기는 일을 마치지 못한 채 잠이 들고 말았다. 당시 밤낮이 바뀐 생활을 하고 있던 타케시가 그것을 봤고, 자신의 특기인 워드를 이용하여 밤새 논문을 깔끔하게 정리했다. 게다가 논문의 주제가 등교거부와 관련된 것이었던 탓에, 내용상 어색하거나 틀린 부분들은 손수 고쳐두기까지 한 모양이었다.

아침이 되어 그것을 알게 된 형은 무척이나 기뻐하면서 "고마워, 이건 내 보답이야" 하며 자연스레 10,000엔을 건넸다. 아이는 엄마에게 돈을 받아도 되는지 물었고, 타카에는 고개를 끄덕여주었다. 그대 타케시가 기뻐하는 모습은 이루 말할 수 없었다고 한다. 아이의 행복한 미소가 너무도 사랑스러워 눈물이 하염 없이 쏟아져 나왔다고 했다. 이 일이 있은 후부터 타케시는 형을 곧잘 따르게 되었고, 형제관계도 더욱 돈독해졌다.

이제 '덤'을 얹어 용돈을 준 결과 어떤 일이 일어났는지 말할 차례다. 당신은 어떻게 되었을 것 같은가? 버릇이 되어 한없이 많은 용돈을 요구했을까? 정반대로 타케시는 곧 아르바이트를 시작했다. 당연히 용돈을 요구하는 일도 없어졌다. 용돈이나 물건을 조르는 것은 단지 그것이 필요하기 때문만은 아니다. 그가 정말 원하는 것은 자신의 생각을 받아들여주는 '부모의 사랑'이다. 아이의 마음을 잘 헤아리고, 그에 적절한 반응을 보여주면 아이는 그것만으로도 만족할 수 있다.

여기서 한 가지 명심해야 할 점이 있다. 자녀가 원하는 것을 들어줄 때, 진정한 '사랑'에서 우러나오는 것인가? 많은 경우 어머니의 마음에는 아이의 요구를 들어주지 않으면 무언가 큰일을 저질러버릴지도 모른다는 '불신'과 '우려'가 깔려 있다. 우려하는 마음은 파동이 되어 아이에게 전해지므로 이것이야말로 정말 주의해야 한다. 마찬가지로 사랑의 감정은 좋은 파동이 되어 아이에게 전해진다. 그 사랑에 아이는 본래의 자신을 스스로 회복하고 다시 사랑으로 응답할 수 있다.

남편은 아내를 비추는 거울

상담을 받으러 오는 학부모나 부모들의 모임에 참석한 이들에게 나는 이런 말을 한다. "아이가 무언가 문제를 일으켰을 때는, '당신들은 지금 이대로 행복한가' 하고 아이가 부모에게 문제 제기를 해오는 것입니다."

초등학교 고학년 때의 일입니다. 어머니에게 이런 질문을 던진 적이 있어요. "왜 친구들은 다 학원에 다녀요?" 어머니는 "좋은 학교에 가고, 좋은 대학에 들어가고, 졸업 이후에 취직하여 훌륭한 사회인이 되기 위해서지"라고 답하셨습니다.

'그렇게 해서 즐거운 걸까? 다들 그런 생활에 만족하는 걸까?' 하는 생각이 들었어요. 부모님을 보고 있으면 솔직히 그런 회의가 듭니다. 저는 평범한 샐러리맨은 되고 싶지 않다고 생각했죠. 하지만 그것은 아버지처럼 되고 싶지 않다는 것이 아니라 일반적인 샐러리맨의 이미지가 싫었던 것입니다. 이제까지 열심히 살아온 저의 삶에 대해서도, 문득 '이것이 진짜 나의 모습일까' 하는 의문이 들었던 것 같습니다. '이대로 학교를 계속 다닌다면 그런 것들에 대해 생각해 볼 여유조차도 없이 휩쓸려 가버릴지도 몰라.' 어쩌면 저는 진정한 자신을 돌아볼 시간이 필요했던 것일지도 모르겠습니다.

타카에의 경우, 아이의 등교거부 사건을 계기로 자신의 삶을 되돌아볼 수 있었고 '나다운 삶'이란 것에 눈뜨게 되었다. 아이가 학교에 나가지 않게 된 그 이듬해부터 일주일에 이틀씩 일을 나가기 시작한 것이 계기가 되었다. 그때까지 가정에만 매달려 남편과 아이들만 바라보고 살아오던 삶에서, 조금씩 다른 곳으로도 시선을 돌리게 된 것이다.

처음에는 아들을 집에 혼자 두는 것이 걱정스러웠다고 한다. 하지만 그런 걱정은 필요 없었다. 아이는 24시간 내내 부모님과 얼굴을 마주하는 것이 오히려 불편했기 때문이다.

바로 그 무렵부터 타카에는 SEPY와 부모들의 모임에도 종종 참석했고 다른 참가자들과의 교제도 늘려갔다. 이것 역시 그녀가 진정한 자신을 찾는 데에 매우 좋은 자극이 되었을 것이다.

그 무렵부터 돈에 관련된 일이나 남편과의 관계에 있어서도 크게 달라졌습니다. 저는 어릴 때부터 뭔가 하고 싶은 일이 있어도, 돈과 관련된 일이라면 항상 억눌러왔어요. 결혼을 하고 나서도 마찬가지였죠. 예를 들어 SEPY의 합숙 세미나에 참가할 때에도 언제나 가기 직전까지 고민했어요. 그것 또한 돈이 들어가는 일이란 생각에, '남편한테 미안한데…', '아이에게도 미안한데…' 하며 말을 꺼내는 것조차 망설였죠. 하지만 결국 마음을 굳게 먹고 말을 꺼냈을 땐, 저의 우려와는 달리 모두 너무나 흔쾌히 받아들여주더군요. 남편도 아이들도 오히려 적극적으로 환영하는 분위기였어요.

"그 정도 갖고 뭘 망설여. 걱정 말고 다녀와요."

제겐 이 모든 것이 예상 외의 반응이었죠. 그리고 깨달았습니다.

'남편도 아이들도 나 자신을 비추는 거울이었구나.'

이것은 사실 의외의 일이 아니다. 타카에가 자신의 마음을 닫아두고 살면, 가족도 그에 상응하는 반응을 보이기 마련이다. 반대로 적극적으로 자신의 삶을 즐기는 모습을 보이면, 역시 그에 맞게 반응한다. 그런 의미에서 분명 남편은 아내의 거울이다.

남편이 언제나 퉁명스럽고 아내의 자유를 인정하지 않는다면, 어쩌면 아내 스스로 그렇게 될 수밖에 없는 삶을 살아왔는지도 모른다. 아내가 먼저 조금씩 변하면 상대방도 분명 변할 것이다.

8년 늦은 고등학교 진학

타카에가 그렇게 변화된 모습을 보이자, 아이도 변하기 시작했다. 금방 그만두는 건 아닐까 염려했던 주유소 아르바이트도 3년째 이어오고 있었다. 그러던 어느 날 타케시는 마침내 고등학교 진학을 결심했다. 그것도 야간학교나 통신학교가 아닌 일반 고등학교였다.

타케시 자신도 늘 '언젠가는 다시 학교로 돌아가야 할 텐데…' 하는 생각을 가져왔던 것 같다. 그 생각을 굳힌 계기는 할머니의 장례식이었다.

할머니께서 돌아가신 것은 제가 스물두 살 때였습니다. 깨끗하게 닦인 할머니의 시신, 그리고 그것이 화장터에서 고운 뼛가루가 되어 나오는 것까지의 과정들을 지켜보았죠.

'인간이라는 존재도 죽고 나면 아무것도 남지 않는구나. 아무것도 할 수 없게 되는구나' 하는 생각이 절절하게 가슴을 파고들더군요. 그리고 지금 내가 정말 하고 싶은 일이 무엇인지 스스로에게 물었습니다. 그 대답은 고등학교 진학이었죠.

사실 그전부터도 슬슬 준비하지 않으면 안 되겠다는 위기감을 느끼고는 있었습니다. 단지 기나긴 공백이 있었기에 좀처럼 실행에 옮기기가 쉽지 않았는데, 할머니의 죽음으로 인해 결단이 서게 되었다고 할까요.

할머니가 돌아가신 것은 1월이었고, 입학시험은 바로 2월부터 시작되었습니다. '한 달간 준비하면 어떻게든 되지 않을까' 하는 생각으로 그때부터 공부를 시작했어요. 하지만 생각처럼 되지 않았기에 부모님께는 일단 알리지 않았습니다.

시험에 관한 일로 출신 중학교의 교장선생님과 담임선생님을 찾아갔을 때, 처음에는 "상당한 공백 기간이 있었으니까 통신학교가 좋지 않을까?", "혹시 야간학교는 어떨까?" 하는 조언만 들었다. 하지만 그의 꿈은 어디까지나 일반 고등학교였다. 그의 결심이 흔들리지 않는다는 것을 안 선생님은 그때부터 가능한 고등학교에 일일이 연락을 취하여 적극적으로 지원해주셨다.

중학교에 상담을 받으러 갈 때에는 평소와는 다르게 말끔한 모습으로 차려입었다. 그래서 타카에는 '뭔가 좋은 아르바이트 자리가 생겨서 면접이라도 보러 가는 것일까' 하고 생각했다고 한다. 타케시가 고등학교 입학시험을 보겠다고 털어놓은 것은, 시험 직전인 3월의 어느 날이었다.

처음엔 아들도 "결과야 어떻든 시험을 쳐보는 것만으로도 좋아" 하고 말했습니다. 그러던 것이 이내 "시험에 꼭 붙고 싶어" 하는 말로 바뀌었고, 시험 직전에 가서는 "8년이나 늦었지만 합격하면 고등학교 생활을 맘껏 누려볼 거야"라고 말하더군요. 아이의 변화를 지켜보며 저는 그저 놀라울 따름이었어요. 물론 기쁜 의미에서의 놀라움이었죠.

그리고 마침내 시험 당일이 찾아왔습니다. 집을 나서는 아들의 뒷모습을 바라보며 정말 감개무량했어요. '붙고 떨어지고는 아무래도 좋아' 하는 마음이었죠. 그보다는 아이가 지금 시험을 보러 가고, 그것을 지켜보고 있다는 사실만으로 마냥 기쁘고 감사하는 마음이었습니다.”

기쁨의 기운이 에너지를 낳다

보통 때 같으면 합격자 발표 날까지 안절부절 못하며 보냈겠지만, 타케시는 지금까지 볼 수 없었던 밝고 편안한 모습이었다. 그것은 어떤 벽을 자기 스스로 뛰어 넘었다는 만족감이었을 것이다. 타카에 또한 합격자 발표일까지 스스로 놀라울 정도로 마음 편안한 시간을 보냈다.

드디어 합격자 발표 당일이었어요. 저는 변함없이 차분한 마음이었고, 오히려 결과를 확인하고 돌아온 아들에게 뭐라고 위로의 말을 전할지 생각하고 있었어요. 불합격을 예상했던 거죠.
‘풀이 죽어 돌아오면 뭐라고 해야 할까?’ 한참 생각하고 있는데 전화가 걸려왔어요.
“어머니 저 합격했어요! 중학교에 가서 소식 전하고 갈게요!”
아들 목소리를 들은 순간의 기분을 뭐라고 표현할 수 있을까요! 기뻐하기도 전에 놀란 가슴이 진정될 때까지 그저 멍해진 채로 굳어 있었어요.

합격자 발표를 앞둔 두 사람의 모습을 보며 나는 이미 ‘아, 그렇다면 합격이구나’ 하고 생각했다. 왜냐하면 타카에와 타케시에게 있는 기쁨과 평안이 좋은 에너지를 발산하고 있었기 때문이다. 결과는 바로 그대로 적중하였다.

새롭게 시작된 학교 생활

이렇게 타케시의 늦깎이 스물세 살 고등학교 생활이 시작되었다. ‘제대로 다닐 수 있을까’ 하는 우려를 씻고 타케시는 3년간 단 한 번의 지각도 결석도 없이 성실하게 잘 해냈다. 학기 초에는 타케시와 나이 차가 한 살밖에 나지 않는 선생님도 있고 해서 좀 당황스럽기도 했다고 한다. 그러나 이내 모두 적응했고, 같은 반 여학생들에게 ‘오빠’로 불리며 누구보다도 재미있는 고등학교 생활을 꾸려갔다.

중학교에서 바로 고등학교로 올라갔다면 맛보지 못했을 일들을 많이 체험했어요. 학교를 그만둔 후에 저 자신과 전혀 상관없어 보였던 세계의 사람들을 만날 수 있는데 그 덕에 세상을 보는 눈이 넓어졌다고 할까요, 어쨌든 재미있었어요. 게다가 떠밀려서 된 기분이기는 했지만 학생회장도 해보는 등 값진 경험을 쌓을 수 있었죠.
어찌되었든 8년이라는 공백이 있었기에 공부에 있어서는 애를 먹었습니다. 그래도 모르는 부분이 있으면 교무실까지 선생님을 찾아가 이해할 수 있을 때까지 묻고 또 물었어요. 정말 뭐든지 즐거웠어요. 그렇기 때문에 학교를 쉬고 싶다는 생각 따위는 더 이상 없었죠. 메마른 땅에 물이 스며들듯이, 고등학교 생활을 즐기게 된 것은 8년이라는 방황의 시간을 통해 진정한 제 모습을 발견할 수 있었기 때문이라고 생각합니다.

4월부터 타케시는 대학에 다니고 있다. 누구라도 대단하다고 할 만한 명문대학교의 교육학부에 다닌다. 아직 진로를 결정하지는 않았지만 가능하다면 참된 교사가 되고 싶다고 한다. 이는 어떤 의미로는 교육계에 새로운 날이 시작될 조짐일지도 모른다.

어머니와 아들을 다시 엮어준 인형

타케시가 대학생이 된 그해 봄, 여느 해보다 훨씬 빨리 핀 벚꽃을 바라보다 타카에는 괴롭고 슬펐던 십여 년 전의 벚나무가 생각났다. 두 벚나무가 중첩되면서 문득 먼 옛날 타레판다 인형의 일이 떠올랐다.

타케시가 아직 유치원에도 들어가지 않았을 때의 일이었어요. 첫째 아이의 유치원 소풍에 타케시를 함께 데려갔죠. 다마동물원으로 갔는데,

그 무렵 타레판다가 큰 인기를 끌고 있었어요. 두 아이 모두 판다를 보고 신나서 돌아오는 길이었어요. 타케시가 기념품점에서 타레판다 인형을 보고 조르기 시작했어요.

함께 갔던 친한 친구가 인형 사는 것을 보았던 모양이더군요. 여느 때와 달리 끈질기게 졸랐지만 저는 끝까지 사주지 않았죠. 그때의 일이 아이에게는 계속 잊히지 않았나 봅니다. 아이가 학교에 나가지 않은 채 집에만 있던 당시, 종종 늘어놓던 불만 중에 그 얘기가 나오더군요.

아직 고등학교에 진학하지 않은 상태로 4년 정도 지났을 때였어요. 저는 우연히 친구와 다마동물원에 갈 기회가 생겨서 십여 년 만에 판다를 보게 되었죠. 그 사랑스러운 모습을 보고 있자니 '아, 이 귀여운 녀석들을 하나 키울 수 있다면…' 하는 생각이 절로 들더군요. 그러자 잊고 있던 기억들이 눈앞에서 선명하게 살아 움직일 듯이 떠올랐어요. 인형을 갖고 싶어 했던 아이의 기분을 그제야 이해하니 가슴이 저려왔습니다.

당시 타케시는 열일곱 살, '이제 와서…' 하는 생각에 망설여지기도 했지만, 어찌되었든 간에 아이에게 타레판다 인형을 하나 사다주고 싶었어요. 아이가 기뻐해줄지 걱정하면서 돌아와 멋쩍게 건넸죠. 그러자 아이는 '어! 아직 기억하고 있었어요? 정말 고마워요' 하면서 너무 좋아했어요. 그러고는 먼지가 앉지 않도록 비닐에 잘 싸서 방에 놓아두더군요. 10년도 더 지났지만 정말 사오길 잘했다는 생각이 들었어요.

타케시가 원하던 것은 결코 인형 자체가 아니었다. 자신을 이 해해주고 응대해 주는 부모님의 진정한 사랑이었다. 지금 타케시 에게 그때의 일을 물으면 "그렇게까지 인형에 구애됐던 건 아닌 데…" 하며 쑥스러워한다. 하지만 그는 인형에 담겨온 어머니의 따뜻한 사랑을 이해했을 것이다. 타레판다 인형은 다시 한 번 모 자 사이를 이어주었다.

틀리면 어때! 나는 나일 뿐이야

이제 타케시는 보람 있는 새내기 대학 생활을 멋지게 하고 있 다. 세상 모든 것을 즐길 줄 아는 그는 대학 생활뿐만 아니라 자 기 삶의 주체가 되어 매일 매일을 충실하게 보내고 있다며, 후배 들에게 이런 메시지를 남겼다.

"고등학교 때 책상에 이런 낙서가 있었습니다. '틀리면 어때. 너의 생각 그대로 외치는 거야!' 그리고 제가 좋아하는 시인의 말 중에 이런 말이 있습니다. "오직 한 번뿐인 인생, 나에게는 나만 의 호흡 방식이 있다!'"

8년간의 기나긴 방황 끝에 나온 이 말들을 여러분도 부디 잘 새길 수 있길 바란다.

마음의 진료 기록

　우선 당신이 명심할 점은 등교를 거부하는 것은 결코 게으름병이 아니라는 것이다. 물론 학교에서 안 좋은 일이 있었다거나, 오늘은 집에서 느긋하게 있고 싶다고 하는 경우도 있다. 하지만 이런 경우는 2주 이상 지속되지 않는다. 이런 상황에서라도 억지로 등을 떠딜어 내보며 권하는 것은 바람직하지 않다. 상태가 심각하지 않다면 단호한 태도를 보이는 것이 도움이 되는 경우도 있다. 게다가 학년에 따라서 싫은 일도 극복해내지 않으면 안 되는 경우도 있다. 그럴 때에는 꼭 칭찬과 용기로 격려해주면서 아이가 스스로 벽을 뛰어넘을 수 있도록 도와주어야 한다.

　다만 본격적인 등교거부 상태가 되었을 경우, 무리한 강요는 절대 금물이다. 인간은 때로 지칠 때도 있고, 세균에 감염되기도 하여, 열이 나거나 하는 신체 이상 증상이 나타나기도 한다. 마찬가지로 등교거부는 일종의 '마음의 감기'다. 감기에 걸려 고열에 시달리는 아이를 무리하게 학교로 내모는 부모는 없을 것이다. 자녀가 학교에 가지 않으려 하는 것 역시 마찬가지다. 먼저 느긋하게 마음을 풀 수 있도록 하는 것이 중요하다.

타케시는 부모님의 기대에 부응하기 위해 중학교 때까지 힘껏 버텨왔다. 공부는 물론이고 부모님이 원하는 틀로부터 빠져나오지 않기 위해 노력을 다해 왔다. 하지만 그 틀은 원래부터 타케시의 개성과는 맞지 않았던 것이다. 어렸을 적, 집에 있기만 좋아하는 등 애를 먹인 것은 타케시가 보낸 일종의 신호였다.

이런 우등생 유형의 아이가 중학생이 되어서 갑자기 문제를 일으키는 경우는 적지 않다. 그리고 이런 아이의 문제는 실은 부모의 문제와 겹쳐 있는 경우가 많다. 부모가 진정한 자신을 발견하여 자신에게 맞는 삶의 방식으로 살고 있다면, 이런 문제는 일어나지 않는다. 당신의 자녀가 어떤 이유로 학교에 가지 않으려 한다면, 타카에처럼 우선 자신의 삶의 방식을 점검해 보고 잘못된 점은 다른 각도에서 고쳐보려고 노력할 필요가 있다.

"죽어버릴 거야!",
"죽여버릴 거야!"에서
나를 되찾다

스물일곱,
모든 것을 달성한 그때부터 시작된 자기붕괴
부모님이 만든 허상으로부터
나만의 거울을 만들어내기까지
나를 찾아 떠난 여행

이름: 요시이케 마사요(여, 33세)
가족: 아버지(의사), 어머니(주부), 남동생, 여동생

"어째서 이렇게 하루하루가 힘겨운 걸까요? 왜 저는 다른 사람들처럼 잘 살아가지 못하는 걸까요?"

나를 처음 찾아왔을 때 마사요는 이 말만 되풀이했다. 겉으로 보기에는 착실할 것 같은 평범한 여성이었지만, 그 속은 복슬한 털이 모두 깎여버린 어린 양이 가냘프게 떨며 울고 있는 것 같았다.

당시 그녀의 나이는 스물일곱 살, 어느 정도 스스로에 대해 자신이 서야 할 나이임에 불구하고, 그녀의 모습은 자칫하면 살짝 부딪치기라도 하면 부서져버릴 것 같은 유리인형 같았다. 실제로 울음이 터지면 걷기조차 힘들 정도로 몸도 마음도 많이 쇠약해져 있었다.

마사요가 갖고 있는 괴로움의 원인은 자신에 대해서 모른다는 것이었다. 그와 함께 부모님에 대한 미움의 골이 너무나 깊었다. 그때까지 마사요는 엄격한 아버지의 가치관을 통해, 그 레일 위에서 매사를 판단하며 살아왔다. 바꾸어 말하면 그녀는 숨가쁘게 자신의 가치관을 가져볼 겨를도 없이 자라왔던 것이다. 그것을 알아차린 순간 마사요는 한 발짝도 움직일 수 없게 되었고, 자신을 미워하고 나아가 부모님을 증오하기까지 이르렀다.

아버지의 의견이 언제나 절대적인 집

마사요에게는 두 살 터울 남동생과 아홉 살 터울의 여동생이 있었다. 다섯 명을 거느린 가장인 아버지는 외과 개업의사로, 자신과 타인에게 매우 엄격한 사람이었다. 집안에서 아버지의 의견은 항상 절대적이었고, 가족들은 무조건 그에 따라야 했다. 따라서 장녀인 마사요는, 어려서부터 의사가 되어야 한다는 가족의 암묵적인 동의 아래 자라났다.

집안에는 '~이 아니면 안 돼' 하는 식으로 정해진 일들이 많았고, '흑과

백, 이기느냐 지느냐, 옳은가 그른가' 등으로 확실하게 구분된 아빠의 가치관만이 모든 것의 판단 기준이었어요. 정해진 것을 지키지 못했거나 기준에 미치지 못했을 때는 항상 나쁜 아이, 어쩔 수 없는 아이 취급을 당했죠.

어릴 때부터 그것이 싫어서 견딜 수 없었어요. 아빠를 원망한 적이 한두 번이 아니었죠. 더 서글펐던 것은, 그럴 때에 엄마가 제 편이 되어주지 않으신다는 거였어요. 엄마는 자식의 마음을 알아주기보다는 언제나 아빠의 편에 서서 모든 것을 바라보는 사람이었죠. 자식들 모두 아빠의 심기를 편하게 해주기 위해 살았고, 그러기는 엄마도 마찬가지였던 것 같아요. 그러니까 아빠의 비위를 맞추려고 기를 쓰고 자식들에게 집안의 룰을 지키게 하셨겠죠. 혼낼 때에도 엄마 자신의 의견이 아니라 아빠의 대리인으로서 혼내셨어요. 다시 말해 아빠가 만든 룰에 의해 돌아가는 집안을 굳건히 지키는 일에만 온통 기운을 쏟아 부었던 거죠.

초등학생 시절 최초의 충격

"무엇이든 절대 실패해서는 안 된다. 그렇기 때문에 잘못을 자식에게 꾸짖는 것이다."

이것은 마사요가 몸으로 터득한 가정의 상식이었다. 하지만 그 상식을 처음으로 학교라는 세계에 가지고 들어갔을 때 느낀

크나큰 당혹감을 마사요는 기억한다. 초등학교에 막 입학한 무렵의 기억에 대해 그녀는 이렇게 말했다.

"지우개를 잃어버렸어, 좀 빌려줄래?"

어느 날 짝꿍이 말을 걸었어요.

저에게는 물건을 잃어버리는 일이란 절대 있어서는 안 되는 일이었고 명백한 잘못이었죠. 그래서 저는 "왜 잃어버렸어? 그러면 안 되잖아" 하고 짝꿍을 나무랐어요. 그런데 주변 친구들이 "왜 그렇게 따지는 거야?", "그냥 빌려주면 되잖아", "구두쇠구나"라며 오히려 저를 비난하는 거예요. 저는 깜짝 놀랐죠.

'나는 옳다고 생각해서 말한 건데…. 나는 틀리지 않았는데…. 내가 옳았는데….' 저에게 큰 충격이었어요. 하지만 그 후로도 비슷한 상황이 몇 번이고 계속 벌어졌어요. 입을 열면 친구들과 다투게 되는 날들의 연속이었죠. 그러자 이번에는 부모님도 질책하시더군요. "

네가 잘못해서 그러는 거 아냐?"

점점 무엇이 옳고 무엇이 그른지 헷갈렸어요. 저 자신만 모든 사람과 다른 것 같았죠. '친구들은 문제를 일으키지 않는데 나는 언제나 사고뭉치야. 모두들 정답을 알고 있기 때문일 거야. 오직 나만 그 답을 몰라. 그래서 모두에게 원망을 듣는 거야. 하지만 어째서?'

그때부터 제 안에서 혼란이 시작된 것 같아요.

어린 마사요는 학교생활에 점점 위축되기 시작했고 자신감을 잃어갔다. 모든 사람들과의 접촉이 두려웠고 모든 행동이 망설여졌다. '내가 무언가를 하면 꼭 문제가 일어나. 부모님한테도 제멋대로 구는 나쁜 아이라고 혼나기만 하지. 그렇다면 차라리 입을 꾹 다물고 있자. 집안에서도 밖에서도 속마음을 털어놓지 말자. 나 자신을 죽이면 모든 주위 사람들과 문제없이 잘 지낼 수 있을 거야.'

그렇게 결심하게 된 것은 너무나 당연했다. 하지만 그것은 또 다른 괴로움의 시작이기도 했다.

자기혐오감에 갇힌 채 보낸 학창시절

마사요는 자신의 생각과 다르게 의사표시를 해야 할 때 'NO'라고 말할 수 없게 되었다. 예를 들어 친구가 "난 이 음악 좋던데, 넌 어때?"라고 물으면 언제나 "응, 나도 좋아"라고 대답했다. '아니'라고 말할 용기가 없었기 때문일까? 그보다는 주어진 상황에서 무엇이 'NO'인지 알 수 없었기 때문이다.

음악의 좋고 싫음 같은 단순한 것에 대해서도 제대로 대답할 자신이 없었어요. 이런 느낌이었던 것 같아요. '나는 정말 그 음악이 좋다고 생각하는 걸까? 실은 좋아하는 게 아닐지도 몰라. 하지만 정말 좋아하지 않는지조차 알 수 없어.' 그래서 이렇게 생각했죠. '아무것도 모르니까 일단 Yes라고 해두자.'

하지만 'Yes'도 본심은 아니었기에 늘 상대방에게 맞추어 대답해버리고 마는 자신에 대한 혐오감이 생기더군요. 그것이 점점 스트레스가 되었고 결국 '모든 것이 내 잘못이야. 내가 좋다고 한 것이 잘못이야'라며 강하게 자책했죠. 스스로를 갉아먹는 생각만 하면서 내 안에 자기부정이라는 틀이 생기자 더욱더 사람 대하는 일이 두려워졌어요. 때문에 다시 상대의 말에 무조건 맞추어 반응하게 되고, 또다시 생기는 자기혐오…. 악순환의 연속이었죠.

자아를 확립하는 매우 중요한 아동기에, 마사요는 자기혐오라는 감정에 갇혀 점점 자아를 잃어가고 있었다. 밖에서나 집안에서나 속마음을 말하지 못한 채, 사람들과 문제를 일으키지 않도록 한쪽 구석에서 조심스럽게 자신을 숨기고 있었던 것이다. 이것이 그녀가 보낸 괴로운 학창시절이었다.

오직 졸업만이 목적이었다

고민은 그것만이 아니었다. 학습에 있어서도 문제가 있었다.

"노력해서 안 되는 일이란 없다." 외래진료, 입원, 수술까지 혼자서 해내는 탁월한 의사였던 아버지는 언제나 이런 말로 꾸짖듯 격려했다. 하지만 대학시험을 앞둔 마사요는 아무리 애를 써도 공부에 집중할 수 없었다.

'시험에 실패하면 부모님이 날 가만두지 않으실 거야. 떨어지면 끝장이야. 내가 낙오자라는 게 세상 사람들에게 알려지고 말 거야.'
이런 생각이 날마다 가슴 속에서 메아리쳤어요. '왜 떨어지면 끝장인 걸까' 같은 고민은 할 새도 없이 불안과 공포에 쫓기듯 책상 앞에 앉았어요. 하지만 그런 상태로 공부가 잘될 리 없죠. 필사적으로 애를 써도 성적은 오르지 않았고 점점 더 집중하기가 어려워졌어요. 머릿속은 온통 '왜', '어째서'라는 의문으로 옥죄었고 너무나 힘겨운 나날들이었죠.

사람의 몸은 솔직하다. 긍정적인 기분일 때는 두뇌도 긍정적으로 움직이지만, 반대의 경우에는 두뇌 역시 부정적으로 움직인다. 그러니 마사요가 얼마나 괴로웠을지 상상할 수 있다.
나와 상담을 할 때, 그녀는 이미 공부에 대해 지칠 대로 지쳤을 텐데도 불구하고 "제가 혹시 학습장애인은 아닐까요?" 하고 몇 번이고 되물었다. 나는 그때마다 "괜찮아요. 절대 그런 것이 아니에요." 라고 안심시켰다. 그러면 마사요는 "나는 공부를 별로 좋아하는 것 같지 않으니까…"라는 말을, 몇 번이고 되풀이했다. 그렇게 괴로워하면서도 부모님의 기대에 부응하기 위해 나름대로 온 힘을 다했던 것이다.

그 결과 부모님이 원하시던 명문 대학교에는 못 갔지만, 간신히 중위권의 치과대학에 합격했다. 대학시절 동안은 부모님과 떨어져 기숙사에서 지냈다. 6년 동안 학과 친구들과 전혀 어울리지 못한 채 오직 공부에만 매달려 불만족스러운 대학생활을 무사히 마칠 수 있었다. 하지만 위험한 변화는 그 무렵부터 시작되었다.

학교를 졸업하자 부모님은 제가 치과의사라는 자격과 함께 자립심과 자신감도 얻었다고 생각하고는 한숨 돌리셨던 것 같아요. 저 자신도 그렇게 믿고 싶었죠.

하지만 그때부터가 본격적인 시작이었어요. 제게 들이닥친 것은 말로 표현할 수 없을 정도의 무력감이었죠. 여기까지 죽기 살기로 달려왔는데, 이제 그 모든 것이 끝나버렸다는 허탈감이라고 할까요? 아무튼 모든 것이 싫었고, 어떤 의욕도 생기지 않았어요. 그러면서 부모님에 대한 미움이 되살아났죠. '졸업이든 뭐든 나는 전부 부모님을 만족시키기 위해 해왔던 거잖아!' 가슴 속에서 그렇게 외치고 있었어요.

졸업은 사회인으로서 새로운 꿈과 희망을 여는 스타트라인과도 같다. 그런데 마사요에게 졸업은, 부모님을 만족시킬 수 있는 목적지임과 동시에 결승점이었던 것이다.

다시 한 번 부모님이 깔아주신 레일 위를 달리고 싶어

마사요는 치과에 취업하여 인턴으로 근무하게 되었다. 하지만 그것은 자신의 의지가 아니었다. 힘든 학창생활을 마치자마자 허탈감에 휩싸인 마사요는, 지금까지 열심히 달려왔던 만큼 휴식이 필요하다고 느꼈다.

솔직한 심정으로는, 아무것도 하지 않은 채 여유를 누리며 스스로를 돌아보고 싶었다. 하지만 그것은 부모님의 생각과는 거리가 멀었다. '애써 졸업해서 따낸 자격인데 하루라도 일찍 써먹어야지' 하는 것이 부모님의 바람이었다. 취직도 하지 않은 채 집에서 뒹굴 거리는 마사요를 보며, 부모님은 그녀와 한마디 상의도 없이 집 근처의 치과에 근무하도록 정해버렸다.

그렇게 다시 일을 시작하게 된 마사요는 열심히 하려고 마음먹을수록 정신력이 점점 쇠잔해지는 것을 느꼈다.

분명 배웠던 것인데 아무것도 머릿속에 떠오르지 않았어요. 환자의 입 속을 보고 있어도 무엇을 어떻게 해야 좋을지 아무 생각이 안 났죠.

'뭔가 이상해. 대체 뭐가, 어디가, 어떻게 되어 있는 거지?' 고민하면 할수록 머릿속이 혼란스러웠어요. 고민 끝에 '아직 공부가 부족하기 때문이야'라고 결론 내렸죠. 지금 생각해보면 지독하게 혼란스러운 상태에 있던 스스로를 납득시킬 수 있는 결론은 그것 밖에 없었던 것 같아요.

그래서 마사요는 부모님에게 치과 전문학교에 가서 공부를 더 하고 싶다고 말했다. 그것은 의사자격증을 살리기 바라는 부모님의 기대와 도피처를 찾던 마사요의 갈등 사이에서 겨우 찾은 타협점이기도 했다. 마사요는 다시 한 번 부모님 곁을 떠나 1년간 학창생활을 했다.

문제를 상징하는 세 가지 말

당시 마사요의 본심은 무엇이었을까? 단지 '다시 학생으로 돌아가는 것'만은 아니었을 것이다. 그때까지 마사요는 치과의사가 되라는 부모님의 요구에 오직 그 길만을 따라 달려왔다. 하지만 그것은 졸업과 동시에 허물어졌다. 자신만의 레일이 없어졌다는 사실에 그녀는 큰 불안과 공포를 느꼈던 것이다.

그래서 다시 '학생으로 돌아가면 그 두려움과 공포로부터 달아날 수 있을 것'이라 생각했던 것이다. 하지만 학교로 돌아가더라도 근본적인 문제가 해결되지 않는 한, 그녀는 행복해질 수 없었다. 잘해보자고 다짐하며 자취생활을 시작했지만 마사요는 결국 반 년 만에 포기하고 집으로 돌아왔다. 당시 그녀는 매우 심각한 상태였다. 학교에 가기는커녕 몸을 움직이고 식사하는 것조차 불가능하게 되었다.

이 지경에 이를 때까지 자기에게 무슨 일이 일어나고 있는지조차 몰랐던 것이다. 어쩌면 그것들을 인정하고 싶지 않았던 것일지도 모른다.

'도대체 이 고통은 언제쯤이나 끝나는 것일까? 나는 언제 여기서 빠져나갈 수 있을까?' 날이 갈수록 괴로움만 더했어요. 결국 학교를 그만두고 집에 와 있을 무렵, 세 친구로부터 이런 말을 들었어요.

"넌 너무 의존심이 강한 것 같아."

"속마음을 털어놓고 말할 수 있는 상대는 있니?"

"넌 늘 다른 사람을 위해서 나름대로 한다고 하지만, 사실은 다 너 자신을 위해서야."

그런 말을 들은 당시에는 '내가 이 친구들에게 무엇 하나 부탁한 것도 없는데 왜 이렇게 생각하는 거지?', '그럼 지금껏 내가 얘기해왔던 것들은 다 뭐야?', '나를 위한 것이라면 대체 내가 왜 이렇게 힘들겠어! 다른 사람을 위해서 이렇게 참고 있는 건데!'라고 생각했다.

하지만 그 말들이야말로 제 문제를 바로 간파한 것이더군요. 그 세 마디를 통해 진정한 저를 찾게 되었어요.

말 속에 묻어나는 속마음

학교를 자퇴하고 집으로 돌아왔지만 마음 편히 있을 곳이 없었다. 마음의 상처는 육체의 질병과 똑같다. 하지만 눈에 보이지 않기 때문에 주변 사람들로부터 '게으름 피우고 있다'라든가 '자신에게만 너그럽다', '의지가 약하다'라는 식으로 오해받기 십상이다. 남이라면 어쩔 수 없이 넘어갈 수 있는 것도, 부모자식 간에 일어나면 상처의 골은 점점 깊어지고 만다.

마사요의 경우도 마찬가지였다. 딸이 진정으로 원하는 마음이 보이지 않는 어머니는 허둥대기만 하면서 계속 마음속의 불안을 키워갔다.

엄마의 불안은 가슴이 쓰릴 정도로 그대로 전해졌어요. 방안에 틀어박혀 있던 제게 5분 간격으로 찾아와 문을 두드리고는 "괜찮아? 뭐하고 있어?" 하고 말을 거셨죠.

그때마다 저는 '내가 이렇게 부모님께 걱정을 끼치고 있구나' 하는 생각에 어떻게든 움직여보려 했어요. 하지만 몸은 전혀 따라주지 않았고, 결국 자기혐오 상태에 빠졌죠.

그런 일이 계속되던 어느 날, 엄마가 또다시 문을 두드리셨어요.

"아래층으로 좀 내려올래? 안 그러면 내가 자꾸 걱정되잖아."

아무 생각 없이 하셨을 그 말이 제 가슴속을 깊이 찔렀습니다.

'아니, 지금 두슨 소릴 하는 거야? 난 움직일 수도 없는데, 엄마 마음 편하라고 아래로 내려오라는 거야?'

순간 지난번에 들었던 말이 떠올랐어요.

'넌 늘 다른 사람을 위해서 나름대로 한다고 하지만, 사실은 다 너 자신을 위해서야.'

마치 하늘의 계시를 받은 것처럼 모든 것이 선명해지더군요. '자못 상대방을 위하는 척하면서 늘 자기중심적인 엄마의 모습을 내가 그대로 닮은 거야.'

그와 동시에 마사요는 '말은 들리는 그대로 이해해야 한다는 것'과 '전하고 싶은 대로 전하지 않으면 제대로 전달되지 않는다는 것'도 깨달았다. 그녀는 이제껏 다른 사람의 말을 들을 때면 언제나 상대방의 기분을 살폈다. '입으로는 이렇게 말하고 있지만, 속마음은 이게 아닐지도 몰라' 하면서 들은 그대로 받아들이지 않았던 것이다. 이는 자신감을 상실한 마지막 방어본능이었을지도 모른다. 그렇기 때문에 사람에게 물건 하나를 건넬 때에도

 ● 엄마 아빠, 나의 외침이 들리나요?

‘이렇게 말하면 상대방이 더 기뻐할 거야’, ‘이상하게 보이지는 않을까’ 등을 생각했던 것이다.

‘그래서 내가 속마음을 상대방에게 진솔하게 털어놓지 않는다는 말을 들었던 거구나!’ 마사요의 머릿속은 현기증이 날 정도로 어지러웠다. 다른 사람에 대해서도 자기 자신에 대해서도 정직하지 못한 것, 자신의 본심이 없다는 것은 자신이 없다는 것임을 깨달은 것이다. ‘스스로 자신이 없다는 것은 다른 사람에게 의존하고 있다는 거야’라는 데까지 생각이 미치자, 이전에 세 친구에게 들었던 조언의 의문이 일순간에 풀렸다.

‘죽어버릴 거야’와 ‘죽여버릴 거야’, 그 선택의 번민

이제 문제를 어떻게 해결해야 할까? 마사요는 그 답을 찾을 수 없었다. 진정한 자기 자신이 없다는 것을 알게 된 것뿐이었다. 자신이 없으니 무엇을 기준으로 판단해야 할지 더 혼란스러워졌다.

‘나 자신이 없다니, 너무 괴로워. 도와줘! 부모님을 따른 결과가 이거야? 자격증 따위는 아무 데도 쓸모없어!’ 매일 속으로 절규했습니다. 그 괴로움과 공격의 화살은 차차 저 자신과 부모님에게로 향하더군요. ‘죽어버릴 거야!’, ‘죽여버릴 거야!’, ‘숨이 막혀!’, ‘하지만 언젠가 분명 편해질 날이 있을 거야!' 방황, 증오, 그리고 꺼질 듯이 희미한 희망이 혼란스럽게 뒤섞인 가운데 방안에만 틀어박혀 홀로 발버둥치며 괴로워했어요. 그럼에도 부모님의 눈에는 제가 게으름을 피우고 있는 것으로밖엔 비춰지지 않았겠죠.

그러던 어느 날 아빠가 방에 들어와 이렇게 말씀하시더군요.

"언제까지 이렇게 살 거냐? 네가 앞으로 살아갈 수 있도록 공부시키고 의사까지 만들어주었건만! 난 할 도리를 다해왔는데, 넌 대체 지금 뭐하는 거냐! 넌 우리 집의 암적인 존재야. 난 지금까지 그런 암은 모두 잘라버렸다. 여긴 내 집이다. 집에서 나가거라!"

그대로 집에 있으면 더 이상 견딜 수 없어 죽어버릴 것 같다는 생각에 마사요는 즉시 집을 나왔다. 충분한 돈도 없고, 마땅히 갈 데도 없어서 4~5일간 보란티아 시설에서 머물다가 관서지방에 사는 숙모 댁에서 잠시 신세를 지기로 생각했다.

자신에 대한 원망, 부모님에 대한 원망

우선은 며칠만 묵을 작정으로 찾아간 숙모 댁에서 마사요는 2년의 세월을 보내게 되었다.

숙모님은 제게 아무 말씀도 하지 않으셨어요. 엄마에게 전화가 와도 제가 받고 싶지 않다고 하면 바꾸지 않으셨죠. 덕분에 숙모님 댁에 머무르던 2년 동안 갈가리 찢긴 제 자신을 하나하나 모을 수 있었어요.

예를 들어 '산책해야지' 하는 생각이 들면, '이건 내 진심일까', '사실은 그런 기분이 아닌 걸까' 하고 자문하며 답을 얻었어요. 그렇게 해서 저의 행동과 판단을 하나하나 확인했죠. '오른발부터 내딛을까 왼발부터 내딛을까'부터 시작해서 젓가락의 올리고 내리는 일까지 저 자신을 끝없이 관찰하고 생각했어요.

가나모리 선생님의 책을 접한 것은 그 무렵이었어요. 그리고 선생님이라면 구해주실지도 모른다고 생각했죠. 숙모님 댁을 나와 지푸라기라도 잡고 싶은 마음에 혼자서 동경으로 올라왔어요. 처음 면접에서 선생님은 "동경에서 생활할 돈은 있어요?" 하고 물으셨어요. 당시 저는 가진 것이라곤 몸에 걸친 옷 한 벌이 전부였죠. 그러자 선생님은 다정하게 웃으시며 말씀하셨어요.

"자, 그럼 엄마에게 전화해서 돈을 부쳐달라고 부탁해볼까요?"

그리고 곧바로 엄마에게 전화를 걸어 저에게 돈을 부쳐달라고 직접 부탁해주셨어요. 너무나 갑작스런 전화에 엄마도 무척이나 놀라신 것 같았지만, 매월 돈을 부치겠다고 약속해주셨어요.

　이로써 돈 걱정 하나만큼은 덜었지만 마사요의 정신상태는 아직 불안정했다. 평범한 사회생활조차 못하는 자신에 대한 노여움과 지금까지도 순조롭게 사회생활을 하시는 부모님에 대한 노여움이 가슴속에서 소용돌이쳤다.

　'내가 왜 이런 생각을 하고 있는 거지?'

　'자기들이 나한테 무슨 짓을 해왔는지 깨달으란 말이야!'

　마음속으로부터 이 두 가지 외침이 들려오는 것 같았다.

나를 되찾기 위해 자신을 비추는 거울을 만드는 일

　'괴로워!' '죽고 싶어!' '부모님을 죽이고 싶어!' 그렇게 발버둥치던 마사요를 나는 "괜찮아요. 자신을 있는 그대로 바라보면서 아끼고 사랑해주세요. 그러면 분명 행복한 날이 올 거예요"라는 말로 계속 위로해 주었다.

　텅 비어버린 자신을 채우기 위해 가장 필요한 것이 무엇이라고 생각하는가? 그것은 바로 '자신을 보는 거울'이다. 모든 인간에게는 자신을 비추는 거울이 있다. 그 거울을 통해 자신을 객관적으로 바라보고, 세간의 상식이나 룰에 견주어 판단하고 또 합당한 답을 얻는다. 하지만 마사요가 믿고 바라보던 거울은 산산조각으로 깨져버렸다. 자신을 비출 거울이 없다는 사실에 그동안 그녀는 매우 불안했을 것이다.

'이 생각은 틀린 걸까?' '이 답이 맞는 걸까?' 그녀는 자신의 감정을 하나하나 정성껏 엮어가면서, 때로는 내게 동의를 구해가면서 자신의 거울을 다시 만들기 시작했다.

모든 것은 '자신을 사랑하는 일'에서부터

부모가 특히 아버지가 일방적으로 깔아놓은 레일 위를 달려온 자식이 어느 날 갑자기 빗나가버리는 경우는 매우 많다. 이런 상황의 해결책은 자식이든 부모든 어느 한쪽이 먼저 변하는 길밖에 없다. 그리그 그 무엇보다 중요한 것은 자녀가 '자신을 사랑하는 것'이다.

자립이란 그저 경제적으로 독립하는 것만이 아니다. 자신을 사랑하고 소중히 여기는 것이 진정한 의미의 자립이다. 자신을 사랑하는 것, 쉬운 말처럼 들리지만 참으로 자신을 사랑할 줄 아는 사람은 의외로 드물다. 마사요의 부모도 자립이라는 것을 단순히 경제적 독립으로 여기는 사람이었다.

이 무렵 마사요는 마음을 안정시키기 위해 다양한 방법들을 모색하고 있었다. 자율훈렵법도 그중 하나였다. 여러 세미나와 합숙 교육에도 참가했다. 나는 이러한 과정 속에서 무엇보다도 마사요가 자신을 사랑할 수 있도록 최선을 다해 도왔다. 다행히도 그녀는 서서히 마음의 안정을 찾고 자신감을 조금씩 회복해가면서 사고방식도 달라졌다.

'사람을 만나는 건 무섭지만, 일단 밖에 나가보자!' '일주일에 한 번 정도라면 아르바이트도 할 수 있을 것 같아!' 이렇게 점차 긍정적으로 바뀐 것이다.

서른을 넘어 처음 느낀 아빠의 체온

주변에서도 작은 변화가 일어났다. 그때까지 줄곧 자신의 생각만 앞세우던 아버지가 마사요의 말에 조금씩 귀를 기울이기 시작했다. 이것은 마사요가 자신을 회복하는 데 큰 도움을 주었다. 이로 인하여 그녀의 마음속에 응어리져 있던 아버지에 대한 미움이 조금씩 녹아내리기 시작했다.

아버지가 변했기 때문에 마사요도 변한 것일까? 물론 그런 점도 있다. 하지만 근본적으로는 그 대상이 아버지든 다른 사람이든 마사요가 자신을 사랑하고 자립할 수 있었기에 다른 사람을 받아들일 수 있었던 것이다. 보통 사람들에게는 지극히 자연스러운 감각과 감정을 마사요는 그제야 느낀 것이다.

아주 최근에 정말 즐거운 일이 있었습니다. 할머니의 제사가 있어 오랜만에 시골에 내려갔어요. 식사를 마치고 모두들 둘러앉아 이야기를 나누는데 너무 졸리더군요. 문득 정신이 들어보니 제가 옆에 계신 아빠의 어깨에 기대어 꾸벅꾸벅 졸고 있던 거예요.

정신을 차린 순간 깜짝 놀랐죠. 반사적으로 몸을 일으키는 게 당연할 텐데, 왠지 모를 행복한 기분에 아빠의 어깨에 기댄 채 그대로 있었어요. 생각해보니 그때까지 아빠의 몸에 기댄 기억이 전혀 없더군요. 아빠의 따뜻한 체온이 전해지자 어찌된 일인지 그때까지의 모든 일들이 눈 녹듯 풀려버리는 것 같았어요.

감사의 마음으로 어머니와의 갈등 해결

모든 문제가 해결된 것은 아니다. 아버지와는 달리 거친 말을 쏟아 부은 적도 때린 적도 없는 어머니는 마사요를 쉽게 받아들일 수 없었다. 아마 자신이 마사요를 망가뜨렸다는 사실을 좀처럼 받아들일 수 없었기 때문일 것이다. 어쩌면 마사요의 어머니 역시 남편의 가치관에 모든 것을 맞추었던 만큼, 자신의 거울을 가지지 못한 채 살아왔는지도 모른다. 마사요 또한 어머니에 대한 미움을 쉽게 떨쳐낼 수 없었다. 그러던 도중에 마사요는 이사를 나왔다. 내가 전화를 걸어 마사요에게 생활비를 부쳐주라고 부탁한 후 6년이란 시간이 지났을 때였다.

이삿짐을 꾸리던 중 제 물건이 너무도 많다는 사실에 새삼스레 놀랐어요. 방에만 틀어박혀서 부모님을 원망하고 신세를 한탄했지만, 저는 넘쳐날 만큼 많은 것들을 갖추고 있더군요. 부모님에 대한 미움을 키워온 지 6년 만에, 제가 그렇게 경멸하는 부모님의 돈을 이만큼이나 쓰며 지내왔다는 것을 처음으로 깨달았죠. 늘 피해자 입장에서 부모님을 어떻게 용서할지 생각했는데, 그때 처음으로 '내가 부모님께 용서받았기 때문에 오늘을 맞을 수 있었구나'라는 생각이 들었어요.
그렇게 생각한 순간 부모님에 대한 감사가 마음속에 퍼졌습니다. 정신을 차려보니 얼굴에 눈물이 하염없이 떨어지고 있더군요.

이것을 계기로 어머니에 대한 미움의 집착도 사라졌다. 집착이 사라질수록 다음은 가볍고 즐거워졌다. 그 후로 6개월이 지난 지금, 아직 독신생활을 마음껏 즐기는 마사요는 종종 집에 들러 가족들과 많은 대화로 즐거운 시간을 보내고 있다.

마음의 진료 기록

청소년에게 마사요와 비슷한 사례는 수없이 많다. 부모가 완고한 가치관으로 자녀의 생각과 다른 인생길을 서로 충분한 논의도 없이 모두 정함으로 결국 자녀의 삶이 망가지는 것이다. 이런 식으로 말하면 혹자는 "우리도 그렇게 해왔지만, 우리 아이는 아무런 문제도 일으키지 않습니다"라고 이야기한다. 물론 밖으로 드러나는 문제를 일으키지 않는 경우도 있다.

하지만 그런 경우라도 잘 관찰해보면 어딘가에 문제가 잠재되어 있을 수 있다. 예를 들어, 아무 문제없이 엘리트코스를 밟은 사람도 사회인이 되자마자 스스로 아무것도 판단하지 못한 채 자신을 잃어버리고 마는 경우가 종종 있다. 혹은 결혼 후 평범한 가정생활을 꾸리지 못해 실패하는 사람도 있다.

이런 경우, 실제적인 근본 원인이 부모와의 관계에 있다는 데까지 생각이 미치기는 어렵다. 결국 이런 성장과정을 거친 사람은 진정한 의미의 자립은 쉽지 않다. 마사요의 아버지는 딸을 훌륭한 의사로 만들어 자립시키려고 노력했다. 여기서 고려되는 것은, 경제적 의미의 자립이다.

하지만 진정한 의미의 자립은 자기 자신을 사랑하고, 자기다운 방식대로 삶을 꾸려가는 것이다. 어릴 때부터 부모의 가치관만을 강요받아 그것에 얽매어 살아가는 것은, 자신을 사랑하면서 자기다운 삶을 키워나갈 수 없다. 그것은 곧 '자기붕괴'라는 결과를 가져온다. 거기에서 다시 일어서기 위해서는 부모와 자식이 하나가 되어 스스로를 되돌아보고 잘못된 점을 고쳐나가야 하는 지혜가 필요하다.

마사요의 경우, 아버지가 자신의 생각대로 되어주지 않은 딸을 인정하고 받아들임으로써 관계가 회복되었다. 그 바탕은 사랑이었다. 참된 사랑이야말로 그 무엇보다 강하다는 사실을 깨닫지 못하면 이것은 절대로 불가능하다.

3장

아빠가 되어
삶이 변화되다

사회인이 되고 나서
2년 후 갑자기 찾아온 섭식장애
체중 30kg,
생명의 극한에서 살아남은 청년의 고독

이름: 타치하라 요우지(남, 33세)
가족: 아버지(자영업), 어머니(시간제근무), 형

어느 날 타치하라 요우지는 마치 유령 같은 모습으로 휘청거리며 밤길을 헤매고 있었다. 175cm의 키에 몸무게는 겨우 30kg이었다. 뼈에 거죽만 달라붙은 것 같았고, 야위고 창백한 얼굴은 스물일곱의 청년이라고는 생각할 수 없을 만큼 주름투성이였다.

누구라도 어둔 길에서 만나 소름 끼치는 모습에 몸을 움츠렸을 것이다. 당시의 그는 일어나 걸어 다닐 수 있는 상태가 아니었다. 의자에서 일어날 때에도 몇 분씩 걸렸고, 화장실에서 의식을 잃고 쓰러진 적도 있었다. 낮에는 외출할 생각도 못했지만, 밤이 되면 거리로 나와 방황하곤 했다. 집에서 움직이지 않고 가만히 있으면 '이러다 몸무게가 늘면 어쩌나' 하는 공포심에 사로잡히기 때문이었다.

겨우 30kg에 뼈와 거죽만 남았는데도 체중이 늘어날까 벌벌 떨다니! 섭식장애를 겪어보지 않은 사람은 매우 이해하기 힘들 것이다.

그는 다른 사람의 동정을 원했다. 동정이라기보다는 관심이랄까? 무언가 해결의 실마리가 보이는 듯했다. 어쩌면 그의 섭식장애는 마지막 남은 '자기표현'이자 사람들의 관심을 구하는 절실한 외침이 아니었을까?

당시는 이미 육체적으로 한계에 달한 상황이었습니다. 죽음의 문턱을 한 발짝 남기고 있었다고 할까요? 밖에 나가면 보도의 낮은 턱조차 제대로 오르지 못했죠. 언젠가 발을 헛디뎌 몸을 가누지 못하고 길 한복판에 쓰러진 적도 있었어요. 하지만 다시 일어설 수조차 없더군요. 지나던 사람들이 뭔가 무서운 것을 대한 눈빛으로 멀찍이 떨어져 저를 바라보더군요. 그 중에는 동정의 눈빛을 보내는 사람도 있었어요. 누구 하나 도움의 손을 내밀어주지 않았지만, 저에게는 그 동정 어린 표정조차 기뻤습니다.

몸무게가 1년 만에 45kg 감소

섭식장애의 직접적인 계기는 대학을 나와 사회인이 된 지 2년 뒤, 요로결석에 걸린 것이었다. 식사를 하고 나면 지독한 통증을 느꼈고, 입에 댈 수 있는 것이라곤 물밖에 없는 상태가 지속되면서 체중이 급격히 줄었다.

'와, 안 먹으니까 이렇게 마르는구나!'

이것이 결정적인 계기가 되었던 거죠. 밥만 먹으면 너무 아팠고 그래서 물만 계속 마셔대니 점점 살이 빠지더군요. 그것이 너무 기뻤습니다.

그 당시에는 별로 신경 쓰지 않았지만 지금 생각해보면 고등학교 때 뚱뚱했던 탓에 자주 놀림을 받곤 했어요. 중학교 2학년 때까지는 배드민턴 운동으로 표준 체중을 유지했지만, 배드민턴을 그만둔 후부터 급격히 몸이 불기 시작해 1년 사이에 10kg 가까이 늘었거든요.

예전에 놀림 받았던 나쁜 기억 때문인지는 모르겠지만, 어쨌든 살이 빠져서 기뻤어요. 거기서부터 급속도로 거식(拒食) 단계로 빠져들기 시작했습니다. 하루에 세 번 먹던 식사가 두 번으로 줄고 거기서 또 한 번으로 줄고, 나중에는 그것조차 챙기지 않는 날들이 늘어났죠.

식사를 하더라도 극단적인 다이어트 식단이었다. 칼로리가 높은 것은 일체 입에 대지 않는, 마치 수행하는 사람의 식단 같았다. 요리를 하는 사람은 어머니 히사꼬였지만 요우지가 하나하나 식단을 주문했다. 그가 금지한 음식재료가 조금이라도 들어가면 심하게 화를 냈다. 그것이 요리에 당연히 들어가는 설탕 같은 것이라 하더라도 무시무시할 정도로 분노를 폭발했다. 때로는 정성 들여 준비한 밥상을 뒤엎기까지 했다. 그렇게 해서 75kg이던 체중이 30kg이 되기까지는 1년도 채 걸리지 않았다.

적어도 그에게는 만족스런 결과였다. 하지만 이것은 주위 사람들의 관심을 끌려는 외침이었다.

최근 들어 늘어난 남성들의 섭식장애

섭식장애는 일반적으로는 젊은 여성들에게 많이 나타난다고 알려져 있다. 하지만 근래 몇 년간 남성들의 섭식장애가 많이 보고되고 있다.

여성의 경우는 대부분 날씬해지고 싶다는 동경에서 시작되지만, 남성의 경우는 조금 다르다. 자신의 존재를 다른 사람들에게 알리고 싶은 기본적인 심리적 욕구가 깔려 있는 경우가 많다. "나 여기 있어요!" 이렇게 외치고 있는 것이다. 요우지의 경우도 그랬다. 즉, 섭식장애에까지 이르게 한 마음의 상처는 어렸을 때부터 조금씩 싹트고 있었다.

어렸을 때 부모님이 맞벌이를 하였습니다. 어머니는 초등학교 1학년 때까지는 집에 계셨다고 하지만, 제 기억 속에는 없어요. 그래서 학교에서 돌아와도 바로 책가방을 팽개쳐 두고 놀러 나가는 것이 일이었죠. 그때까지는 친구들도 있었으니까요. 두 살 위의 형과는 그때부터도 사이가 좋지 않았어요. 싸움만 했고 대화도 거의 없었습니다. 나중에 어머니에게 들어서 안 것이지만, 제가 공부와 운동이 형보다 뛰어났던 탓에 형이 저를 미워했던 모양이에요.
아버지는 회사일로 늘 바쁘셨고 간혹 시간이 나도 슬롯머신이나 낚시를 즐기셨어요. 가족들을 외면하고 혼자서 취미생활을 즐기신 거죠. 저희를 데리고 놀러 간 적도 없고, 학부모 참관일에도 얼굴을 비추신 적조차 없었습니다. 가족에 대한 관심이라고는 손끝만치도 없었던 것 같아요. 어머니는 그런 아버지에게 반항하지 못하는 성격인데다, 엄격한 편도 아니었지만 그렇다고 자식이 최고인 사람도 아니었어요.

요우지의 말에 따르면 그 당시에는 뭐든지 가족이 뿔뿔이 흩어져서 따로 했고, 얼굴을 맞대고 대화를 나눌 만한 식사조차 함께 모여 하는 일은 거의 없었다고 한다.

체중이 40kg 가까이 되었을 때쯤, 밤이 되면 잠들 수 없어서 수면제를 먹었습니다. 간호사 친구가 한 명 있었는데 어느 날 병원에 꼭 가보라고 수없이 권하더군요.

일도 오랫동안 쉬게 되어, 결국 병원에 가보았지만 담당의사와 맞지 않아 갈 때마다 싸웠지요. 의사는 "40kg에서 더 떨어지면 입원입니다" 하고 말했지만 저는 너무 싫었어요. 강제로 영양제 주사라도 맞게 될까봐 병원에 가기 직전에는 사과같은 당도 높은 과일들을 몰아서 먹곤 했죠. 결국 다니던 병원을 나와 이곳저곳 수많은 병원을 찾아다녔습니다. '수면제가 필요해' 그리고 '누군가 날 이해해주는 사람이 필요해' 하는 마음이었죠. 마지막으로 눈에 들어온 것은 집 근처의 개인 병원이었습니다. 치료는 다른 병원과 다를 바 없었지만 의사 선생님이 "저희 병원이 아니어도 상관없으니, 어쨌든 전문적인 치료를 꼭 받으세요." 라고 편안하게 대해주더군요.

언젠가 그 병원의 의사 선생님을 길에서 만난 적이 있는데 먼저 말을 걸어줘서 무척 기뻤습니다. '겨우 한 번 밖에 가지 않았는데 나를 기억해주는구나' 하는 생각에 말이지요.

파국으로 치달은 부자관계

요우지는 중학교에서 고등학교, 그리고 대학에 들어가면서 점점 친구가 없어졌다. 대학 친구들과는 모두 형식적으로 인사나 주고받는 사이였고 혼자 있는 경우가 많았다.

집으로 돌아와도 외톨이인 것은 마찬가지였다. 특히 아버지와는 거리감이 느껴져 진로에 대해 진지하게 이야기한 적도 없었다. 평상시 학교성적에 대해서도 아버지는 관심이 없었다. 늘 그런 식이었기 때문에 요우지가 섭식장애로 괴로워할 때에도 염려하기는커녕, "형편없는 녀석 같으니라고" 하고 혼잣말로 내뱉을 뿐이었다. 이윽고 부자관계는 파국을 맞았다.

체중이 30kg까지 떨어지며 삶과 죽음의 경계에서 비틀거릴 때, 그는 아버지와의 알력으로 지쳐 있었다. 그러던 중에 어머니 히사꼬가 친정으로 가버린 적이 있었다.

심할 때는 걷잡을 수 없이 난폭해져서 벽에 구멍을 내거나 부모님께 큰 소리로 욕을 내질러 대기도 했습니다. 어머니도 더 이상 견딜 수 없으셨겠죠. 하지만 어머니가 나가시고 아버지와 단둘이 남게 되자 정말 참기 힘든 분위기가 되어버렸습니다. 작은 충돌이 있고 난 후 아버지는 "너와는 더 이상 함께 살고 싶지 않다. 나가거라"라고 말씀하셨습니다. "저도 함께 살고 싶지 않아요"라고 말하고는 그대로 나와 집에서 그리 멀지 않은 곳에서 자취생활을 시작했어요. 그때는 완전히 휴직한 상태였습니다. 그렇게 2년이 지속되었어요. 처음 1년은 거식증으로, 다음 1년은 과식증으로 너무나 고통스러운 시간을 보냈습니다. 하지만 과식증에 걸렸던 때도 체중은 겨우 40kg 정도였습니다.

일단 배가 터지도록 먹고, 그 다음 물을 몇 리터를 마셔 토해내는 것을 반복했습니다. 몸 상태도 최악이었지만, 마음속은 더할 나위 없이 참담했죠. 수면제를 먹지 않으면 잠을 잘 수 없었고 늘 안절부절 못해 주변 사람들과 부딪치는 생활이 반복되었습니다.

양극으로 나뉜 애증

장렬한 하루하루였다. 그렇게 휴직하고 2년이라는 세월이 지나 체중이 50kg 가까이 되돌아왔을 무렵 직장에 복귀했다. 그로부터 1년 후, 결혼한 배우자는 네 살 아래의 간호사였다. '누군가와 함께하고 싶다'는 마음이 절실했고 게다가 간호사이기에 직업상 자신의 병을 누구보다 잘 이해해줄 것이라는 기대심리도 작용하였다.

그러나 결혼 후에 현실은 달랐다. 매일 부부싸움의 연속이었고, 언짢은 일만 생기면 바로 과식으로 빠져들어 병원을 들락거리는 상황이 계속되었다. 결국 1년 만에 이혼을 하게 되었다.

바로 그 즈음 아버지가 말기 암 판정을 받아 입원하셨습니다. 어머니에게 그 소식을 들으니 '드디어 사라지는군' 하는 생각에 기쁘더군요. 하지만 길어야 6개월밖에 남지 않으셨다고 해서 매일 빼먹지 않고 문안을 갔습니다.

마지막이니까 효자노릇 한 번 해보고 싶었던 거죠. 하지만 조금 지나자 "이제 안 와도 된다. 성가셔"라는 말씀을 듣자 '더 이상 함께 공기를 마시고 싶지도 않아'라는 마음이 들더군요.

길어야 6개월이라더니 어찌 된 일인지 상태가 나빠지지 않아 아버지는 결국 퇴원하여 집으로 돌아오셨습니다. 아버지가 입원해 계신 동안 저도 집에 들어와 지내던 터라 또다시 아버지와 함께 지내게 되었고, 당연히 부딪치는 일이 많아졌죠. 아버지와 어머니도 돈이나 그 밖의 여러 문제로 항시 다투셨고요.

일을 할 수 없어서 저의 부양을 받는 모양새가 된 것도 아버지로서는 싫으셨겠죠. 결국 싸움은 끊이질 않았고 저는 또다시 집을 나왔습니다.

자신을 바꾸어 준 세미나

요우지가 나의 책을 접한 것은 그 직후였다. 그때까지의 과정을 적은 편지가 도착했고, 나는 '합숙 세미나에 참가해 보는 것이 많은 도움을 …' 하고 답장을 보냈다. 세미나와 부모들의 모임에는 비슷한 체험으로 고통당한 사람들이 있었다. 아버지와의 알력 때문에 성인이 되어서까지 마음의 병을 앓아왔다는 사람도 있었다. 그런 사람들과 이야기를 나누는 것만으로도 당시 그에게는 큰 도움이 될 것이라고 생각했다.

"진심으로 바라면, 꿈은 반드시 이루어진다."
"살면서 풀리지 않는 문제는 없어!"
가나모리 우라코라는 저자의 책 속에서 튀어나온 문구를 보고 깜짝 놀랐습니다. 문화 충격이라고 할까요? '세상에는 이런 사고방식을 가진 사람도 있구나' 하는 생각이 들더군요.

그러던 중 '나도 이렇게 낙천적으로 생각할 수 있으면…' 하는 생각으로 세미나에 참가했습니다. 그게 3년 전이군요. 처음에는 제 이야기를 다른 사람 앞에서 하고 싶지 않았어요. 그렇지만 저녁에 참가자 모두와 함께 음식과 술을 나누던 중 옆에 앉은 사람이 부모자식 간의 갈등으로 고민하는 것을 듣고 저와 같은 처지의 사람이 많다는 것을 알았습니다. 그러자 갑자기 무언가를 얘기하고 싶어지더군요.

다음 날, 용기를 내어 세미나에서 저의 이야기를 발표했습니다. 이야기를 하고 나니 마음이 홀가분해지는 것 같았죠. '이 사람들도 비슷한 생각으로 나를 이해해주는구나' 하는 기분이 들었어요.

그것이 계기가 되었습니다. 세미나에서 배운 자율훈련법이라든가 심호흡 같은 것을 해보긴 했지만, 뭔가 특별한 것을 하진 않았어요. 단지 생각을 바꾸고 스스로에게 솔직해지다보니 '내게 이런저런 일들이 있었지만, 다들 그렇게 살아가는구나…' 하고 생각하게 되더군요. 그렇게 많은 일들이 있었기에 지금부터는 그 어떤 일이 일어나도 이겨낼 수 있겠다는 생각도 들었습니다. 그렇게 몇 달이 지나고 문득 정신을 차려보니, 제 자신이 상당히 변해 있었어요. 그전까지는 작은 일에도 고민하고 괴로워했지만, 어느 순간 '살면서 풀리지 않는 문제란 없어'라고 긍정적으로 생각할 수 있게 되었습니다.

마침내 약으로부터 해방되다

요우지가 직접 상담을 받으러 온 적은 한 번도 없다. 하지만 세미나는 계속 참가하여 동경에서 지속적으로 진행하는 〈나이트 워크〉라는 야간 산책 행사에 참가하곤 하였다.

요우지 같은 경우는 스스로를 변화시키면서 문제를 해결하는 것이 최선이다. 세미나와 〈나이트 워크〉는 그 좋은 계기가 되었을 것이다.

그때까지는 보통 사람이 2~3일은 잠에서 헤어나오지 못할 분량의 약을 먹어도 4시간 정도밖에 자지 못했습니다. 안정제나 항우울제도 6년간 복용하고 있었죠. 언젠가부터 '약을 좀 줄여볼까' 하는 생각이 들더군요.

혼자서는 못했을 거예요. 〈나이트 워크〉가 큰 도움이 되었습니다. 〈나이트 워크〉에 가서 다음 행사까지 약을 반으로 줄이겠다고 다짐합니다. 정말로 약속을 지켜 그 다음 행사에서 선생님과 동료들에게 발표하면, 모두들 "잘 했군요"라고 칭찬해주지요. 그것이 즐겁고 고마워서 다음에도 잘 해보겠다는 의욕이 솟았던 거죠.

이제껏 그런 격려를 해주었던 사람은 한 명도 없었거든요. 그렇게 하는 사이에 6개월 만에 수면제를 완전히 끊게 되었습니다. 마지막 반 알을 끊는 데는 엄청난 용기가 필요했어요. '이 정도는 괜찮겠지' 하는 생각에 손이 뻗으려는 유혹을 어떻게든 참아냈습니다. 돌이켜보면 그땐 너무 뿌듯하고 기뻤어요.

아빠가 되어 아버지와의 관계가 회복

요우지는 재작년에 재혼하게 되었다. 많은 것을 공감해주는 사람이 곁에 있다는 것은 큰 버팀목과 삶의 위안이 되었을 것이다. 지난해에는 아이도 태어나 현재 한 살배기 남자아이의 아빠가 되었다. 얼마 전에는 새로운 집도 장만하여 하루하루를 즐겁게 보내고 있다.

아빠가 되고 나서 그동안 힘겹게 맞서왔던 아버지와의 갈등과 그로 인한 상처도 치유되었다.

‘아이를 보고 있으면 이렇게 사랑스러울 수가 없는데, 아버지는 왜 그랬
던 것일까?’ 정말 알 수가 없었습니다. 아이를 달래고 있으면 왠지 모르
게 누군가가 저를 달래고 있는 듯한 기분이 들더군요.

이전에 가나모리 선생님이 “아이가 부모를 선택해준 거예요”라고 말씀
하신 적이 있습니다. 그래서 저는 아이와 놀면서 “아빠를 선택해줘서 고
마워” 하며 빙긋 웃어줍니다. 지금 저는 아빠와 아이의 역할을 동시에
하고 있는지도 모릅니다.

최근 요우지가 엽서를 통해 반가운 소식을 전해왔다.

"아이가 7월 7일로 이제 한 살이 되었습니다. 이 아이를 보고
있으면, ‘때 묻지 않은 본래 인간의 모습이란 이렇게 멋진 것이구
나’ 하는 감동이 밀려옵니다. 아이에 대한 무조건적인 사랑이야
말로 바로 이런 것이 아닐까 실감하고 있습니다. 정말 멋지고 너
무 감사한 일입니다."

그의 변화가 확실히 느껴지는 고마운 엽서였다. 아이로 인해
그의 마음속에는 ‘생명에 대한 신뢰’가 생긴 것이다. 인간은 무한
한 힘을 가지고 있기에 어떤 경우라도 언제나 힘껏 살아가야 한
다는 것을, 그 생명이 지금 우리의 가슴속에 살아 숨 쉬고 있다는
것을 늘 기억해야 한다.

　　타치하라 요우지의 경우, 그동안 자신을 이해해주는 사람이 한 명도 없다는 것이 상황을 더욱 나쁘게 만들었다. '나를 알아주는 사람이 있으면 좋겠어' 하는 그의 고백은 마음으로부터의 외침이었을 뿐이다.

　　우선은 그 자신이 커뮤니케이션의 통로를 막아버렸다. '아무도 알아주지 않아'라는 생각이 공격성을 만들어 사람들을 멀리하게 했던 것이다. 그 배경에는 아버지와의 풀리지 않은 문제가 있었다. 아버지에게 버림받았다는 생각이 '아무도 날 알아주지 않아'라는 생각을 가속시켰고, 그것이 강해질수록 다른 사람을 배척하게 된 것이다.

　　하지만 거꾸로 그 배척은 '누구든 나를 알아줬으면 좋겠어'라는 비통한 절규이기도 했다. "다른 사람으로부터 동정 어린 눈빛을 받으면 기분이 좋았다"라는 말이 그 증거일 것이다. 즉, 섭식장애는 그가 최후의 모든 것을 내건 도움의 외침이었다.

　　지금 그는 한 아이의 아빠가 되어 아버지로부터 받은 상처를 씻고 있다. 아빠라는 존재가 그의 마음의 병까지도 고쳐주었다. 그렇다고 해서 모든 것이 완치되었다고는 할 수 없다. 자신이 아버지의 입장이 된 지금도 여전히 부모님과 왕래를 끊은 채 지내고 있기 때문이다.

재혼했을 때도 아내가 부모님께 인사를 드렸지만 그는 끝내 함께 가지 않았다. 간혹 부모님이 손자의 얼굴을 보러 집에 들르신다는 것을 알면서도 만나려 하지 않는다. 그의 마음속에는 아직도 풀리지 않는 상처의 응어리가 남아 있는 것이다.

하지만 녹지 않는 얼음이란 없다. 이제 아주 조금 남았다. 그가 없을 때, 손자를 보러 오시는 부모님을 거부하지 않는 것을 보더라도 알 수 있다. 자신과 다른 한 인간으로서 아버지를 조금씩 받아들일 수 있게 된다면 그의 상처는 서서히 완치될 것이다.

그날은 점점 가까이 다가오고 있다. 어쩌면 바로 내일이 될 수도 있을 것이다.

4장

가족의 헌신적인 도움이 나를 구했다

영국의 인터내셔널 스쿨의 우등생에서
등교 거부 그리고
환청에 시달리며 이상 행동으로 자신을
잃어버리기까지

이름: 토요타 야요이(여, 22세)
가족: 아버지(회사원), 어머니(주부), 언니

토요타 야요이가 가족과 함께 영국에서 살 게 된 것은 열네 살 때부터다. 학교는 인터내셔널 스쿨에 다니기로 했다. 학교에서 보내주는 택시로 집에서 학교까지 다닐 수 있는 그곳의 학생들은 거의 선택받은 부유한 가정의 우수한 아이들이었다.

야요이는 해외 학교생활에 대한 기대로 벌써부터 마음이 들떠 있었고 일본의 친구들도 모두 부러워했다.

'얼굴도 예쁘고, 공부도 잘 하고, 모두로부터 사랑받는 야요이가 이번엔 외국으로 나가 살게 된다니…. 저 아이의 인생은 어째서 좋은 일만 일어나는 걸까?' 이렇게 생각하는 친구들이 적지 않았다.

게다가 야요이는 초등학교에 입학하기 전에도 미국에서 3년간 살았던 적이 있다. 그래서 외국 학교를 다니는 것에 대한 불안감도 거의 없었다. 그로부터 2년 후, 그리고 다시 4년이 더 지난 야요이의 모습을 누가 상상이나 했을까? 자신조차 상상할 수 없었을 것이다. 변화는 예고 없이 홀연히 찾아왔다. 다른 아이들처럼 공부할 수 없는 것에 조바심이 나기 시작했고, 이후로 이런저런 감당하기 힘든 시련이 찾아왔다.

처음에는 생각보다 공부가 무척 힘들었어요.

학교 숙제는 '이걸 어떻게 하루에 다 해'라는 생각이 들 정도로 많았고, 제대로 해가기 위해서는 매일 3시간 정도 밖에는 잠을 잘 수 없었어요. 어떻게든 따라가기 위해 필사적으로 노력했죠. 그때 학교에는 용모나 머리, 집안 등 모든 것이 완벽한 아이들이 많아서, 저는 점점 '도저히 따라갈 수 없겠어'라는 콤플렉스에 사로잡혔어요.

그러면서 저의 외모가 너무나 싫어졌어요. 그때까지는 "참 예쁘네"라는 말을 부모님은 물론 주변 사람들로부터도 자주 들어서 외모에 대해서는 스스로도 만족했거든요. 하지만 언젠가부터 제가 지독하게 못생겼다는 생각이 들더군요.

두려워서 거울도 보지 못할 정도였어요. 창문이나 유리, 은제품들까지도 얼굴이 비쳐서 싫고 무서워지더군요. 그때부터 눈을 깜빡이는 것이 부자연스러워졌고 걷는 것도 이상해졌어요. 얼마 더 지나자 갑자기 호흡곤란 증상이 나타났고 쎄~쎄~ 하는 소리가 나기 시작했습니다.

하지만 저는 그 일을 1년 반 동안 가족들에게 숨겼어요. 표면상으로는 아무 일도 없는 듯 가장했던 거죠. 학교에서도 친구들에게 들키지 않기 위해 필사적으로 애를 썼습니다. 그래서 남들과 함께 있으면 언제나 긴장을 늦출 수 없었죠. 지금 생각해도 기분이 나빠지는 거북한 세상에서 살았던 거예요.

이전부터 있었던 이상 신호

야요이의 이상한 전조는 영국에 가기 전부터 시작되었다. 중학교에 들어간 무렵부터 '이러저러한 일들이 지금까지처럼 잘 되지 않아' 하는 생각이 들었다. 그때까지 그녀는 언제나 반의 중심에 있었다. 공부는 물론이고 얼굴까지 귀여워서 친구들의 인기를 한 몸에 받았다. 친구도 많았고 모든 것이 순조로웠다.

부모님은 그것을 당연하게 받아들였던 모양이다. 그럴 만한 것이 아버지 역시 공부와 스포츠에 모두 우수한 성적으로 학창시절을 보내고, 일류 기업에서 근무하는 엘리트였다.

야요이의 말에 따르면, 어머니도 그런 가정의 분위기에 이미

젖어 있었다. 이런 가정처럼 유년기를 우등생으로 지내온 아이가 중학교에 들어가서 갑자기 무너지는 경우는 적지 않다. 무언가 뜻대로 잘 되지 않은 사소한 계기로부터 시작되어, 그때까지 자신을 둘러싸고 있던 틀이 너무 힘겹게 버거워지기 시작하는 것이다. 게다가 야요이의 경우는 환경이 급격하게 변한 탓도 있었다. 그래서 이상 증상들이 마치 둑이 무너진 물처럼 단번에 터져 나온 것이다.

또한 야요이는 그 이상 증상들에 대해 친구나 가족들에게 전혀 알리지 않았기 때문에 고통이 더 심했다. 그 괴로움이 어땠는지 그녀가 들려 준 에피소드가 있다.

영국에서 괴로워하던 시절, 아빠는 장기 휴가마다 습관처럼 가족을 데리고 일주일 정도 여행을 떠나셨어요. 보통 때는 공부하느라 힘들었을 테니 가끔은 그렇게 숨을 고르는 기회를 만들어주자는 것이 나름의 배려였겠지요. 하지만 저에게 여행은 더욱 괴롭고 힘든 시간을 강요받은 것 같았어요.

당시 저는 부모님을 슬프게 해서는 안 된다는 생각에 저 자신의 걱정을 감추고 있었어요. 그래서 여행 때도 매우 즐거운 것처럼 보이려고 노력했죠. 하지만 속으로는 너무 고통스러웠어요.

나중에 학교에 나갈 수 없게 되었을 때, 아빠가 "그때 여행갔을 때 편히 잘 쉬고 왔잖아. 근데 왜 그래?" 하고 물으신 적이 있어요. 하지만 그 여행은 숨을 고르기는커녕 한 순간조차 마음을 놓을 수 없는 괴로운 시간이었죠.

학교에 '갈 수 없어'라는 몸의 정지

영국의 인터내셔널 스쿨에 들어간 지 1년 반이 지났을 때, 야요이는 인근 학교로 전학을 가고 싶다고 말을 꺼냈을 때 부모님도 쉽게 허락했다. 하지만 새로 들어간 학교도 3일 다닌 것이 전부가 되고 말았다.

처음에는 '어쩌면 즐거운 학교생활을 할 수 있을지도 몰라' 하고 기대했다. 게다가 인터내셔널 스쿨에는 3분의 1정도가 일본 학생이어서 쉬는 시간에는 일본 학생들끼리만 이야기하는 터라, 어학을 배우기에도 인근 학교가 낫겠지 싶었다. 그러나 실제 다녀 보니 그런 각오와는 달리 몸이 말을 듣지 않았다. 팽팽하게 당겨졌던 실이 끊어져버린 듯, 학교에 갈 기분이 없어져버렸다.

부모님은 어떤 반응을 보였을까? 대부분의 부모처럼 "학교를 옮기고 싶다고 해서 그대로 해줬더니, 또 무슨 엉뚱한 소리를 하는 거야!" 하며 호통을 쳤다.

밖으로 드러난 부모의 불안감

저는 아침마다 학교에 가는 것이 싫어서 방문을 걸어 잠갔습니다. 하지만 부모님은 문을 따고 들어와서 억지로 교복을 갈아입히고 학교로 끌고 가려 하셨죠. 학교 선생님이나 상담자들이 부모님에게 "어찌됐든 일단 학교로 데리고 오는 것이 좋다"라고 입을 모았던 모양이에요. 아빠는 '그렇게까지 무리하지 않아도 된다'는 생각이셨지만, 어머니는 '한 번 게으름 피우는 것이 습관이 되면 점점 더 벗어나기 힘들어진다'고 생각하셨죠.

이것이 야요이에게는 아침마다 엄청난 고문이었다. 그래서 부모님이 억지로 학교에 끌고 가려 하면 달아나거나 학교에 가는 척 하고서는 동네를 배회하곤 했다.

야요이는 그때 처음으로 지금까지의 괴로웠던 나날들에 대해 부모님께 털어놓았다. 그것은 엄청난 충격이었을 것이다. 부모님에게는 그것을 받아들일 마음이 여유가 없었다. 주어진 현실이 불안할 뿐이었다.

'한 번 게으름 피우는 것이 습관이 되면…' 하는 어머니의 걱정은 결국 아이에 대한 불안 때문이었을 것이다. 부모가 불안한 마음으로 자녀를 대하면, 상태가 호전될 리 없다. 그 후, 야요이는 일본의 고등학교에 들어간다는 명목으로 귀국했다.

'성적표가 없는 학교'를 선택해 들어갔지만, 그곳에서도 한 달밖에 버티지 못했다. 거울보기를 무서워하던 불안 증상은 거의 없어졌지만, 이제는 몸이 음식을 거부하는 이상 증상이 나타나기 시작했다.

식탁에 앉으면 속이 거북해져서 토할 것 같아 아무것도 먹지 못했어요. 입에 댈 수 있는 것이라고는 스포츠 음료나 젤리 같은 것뿐이었어요. 당연히 체중도 급격하게 줄었죠. 그렇게 되자 엄마가 처음으로 '이건 예삿일이 아니다'라고 느꼈는지 학교수업을 쉬는 것도 허락해주시더군요.

학교에 대한 저의 의식에도 변화가 있었습니다. 그때까지는 '가고 싶지만, 갈 수 없어'였지만, 이 무렵에는 '도대체 왜 학교에 가야만 하는 거지?' 하고 학교에 가는 의미조차 알 수 없게 되었습니다.

아이스크림 사건

1~2학기 내내 그 상태가 지속되자 휴학하기로 했다. 야요이는 이미 더 이상 학교를 다니고 싶은 마음이 없었지만, 일단 휴학하는 것으로 부모님과 타협하였다.

하지만 이듬 해 4월에 결국 야요이는 원하던 대로 학교에 자퇴서를 제출했다. 그때 야요이는 모든 속박으로부터 해방된 기분이 들었다고 한다. 하지만 이런 기분도 오래가지는 않았다. 매일 집에만 있으면서 어머니와의 갈등이 깊어만 갔기 때문이다. 당시의 기분을 그녀는 이렇게 말했다.

학교를 그만 둔 후에 이사를 했어요. 그 계기로 기분전환이 될지도 모른다고 생각했지만, 매일 엄마와 마주치는 것이 왠지 거북했어요. 아르바이트라도 하려고 했지만 그것도 마음대로 되지 않더군요. 집에 있으면 엄마는 제 얼굴을 보고 "휴우…" 하고 한숨을 쉬시곤 했죠.

아이스크림 사건이 일어난 것은 바로 그 무렵이었어요. 그 무렵 저는 밖에 나갈 수 있는 상태가 아니었고 제대로 만족스런 식사조차 할 수 없었죠. 우연히 그날 아이스크림이 먹고 싶어서 엄마에게 좀 사다달라고 부탁했어요. 하지만 엄마는 다른 일이 있으니 다음 번 장을 보러 나가면 사다주겠다고 하시더군요.

며칠 후 시장에 간 엄마는 아이스크림 사오는 것을 잊어버리고 말았다. 저는 아침부터 내내 기다리고 있었던 터라 당장 사오라고 화를 냈지만 엄마는 피곤해서 나가기 싫다고 하셨어요. 가까운 편의점에서라도 사다주셨으면 했지만, 비싸다는 이유로 거절당하고 말았죠.

여러분은 이 어피소드를 어떻게 생각하는가?

전날 밤, 야요이의 어머니는 집에서 기르던 강아지의 상태가 갑자기 안 좋아지는 바람에 몇 번이나 병원에 다녀왔다. 거기에다 다음날 아침부터 바빴고 돌아오는 길에 허둥지둥 장을 보느라 아이스크림을 잊어버린 것이다.

"넌 하루 종일 집에만 있어놓고서는, 전날 밤부터 정신없던 나한테 또 아이스크림 심부름 따위를 시키는 거야?"

아마도 어머니 미치코는 이렇게 소리치고 싶었을 것이다.

하지만 야요이의 입장에서는 아무것도 입에 대지 못하고 밖에 나가지도 못하는 상황에서 아침부터 기다렸던 아이스크림이었다. 그것을 잊어버렸다고 생각하니 너무 화가 난 것이다.

이것이 마음의 병을 앓고 있는 아이의 부모에게 닥친 아주 중요한 갈림길이다. 미치코는 여기에서 결국 자신을 앞세우고 말았다. 하지만 이럴 때에는 아이에 대한 마음을 최우선에 두어야 한다. 쉬운 일은 아니겠지만 그런 행동이 생활속에 상황을 긍정적으로 움직이게 할 수 있다.

부모의 변화가 시작되다

야요이와의 만남은 책을 통해 이루어졌다. 내 책을 몇 권 읽은 야요이는 '이 사람에게 찾아가면 어떻게든 도움을 받을 수 있을지도 몰라' 하는 생각이 들었다고 한다. 그리고 '자녀를 위한 부모들의 모임'이나 '아버지들의 모임'이 있다는 것을 알고, 부모님께 한 번 나가서 얘기를 듣고 왔으면 싶다고 요청했다.

야요이의 어머니는 두 번 정도 나오고 거의 모습을 보이지 않았으나, 아버지는 그때부터 계속 참여했다. 비슷한 문제를 가진 부모들의 이야기를 통하여 많은 조언과 힘을 얻었던 것이다.

모임에 참여하면서부터 아빠는 이전보다 훨씬 유연해지셨어요. 저의 일들을 예전보다 훨씬 이해해주셔서 집에 있을 때 훨씬 마음이 편해졌죠. 물론 아직 완전히 그렇다는 건 아니지만, 모임에 다녀오신 아빠에게 이런저런 이야기를 들으면서 엄마도 조금씩 변하신 것 같아요. 부모님의 변화를 보면서 저도 나가서 상담을 받아보기로 했죠.

호전된 이후, 예기치 못한 함정

이렇게 해서 상황은 조금씩 호전되는 것 같았다. 그때까지 줄곧 집에만 틀어박혀 있던 야요이였지만, 그 무렵부터 갑자기 생기가 돌기 시작했다. 외출할 때에도 예전처럼 사람 눈을 의식하는 일 없이 적극적으로 변했다. 하지만 여기에 예기치 못한 함정이 숨어 있었다.

이상하리만큼 이전 기억들이 생생하게 살아나면서, 그때까지는 잊고 지냈던 옛날의 일들까지 모조리 떠오르더군요. 그렇게 옛 기억들이 떠오르면 이내 기분이 안 좋아져서 토해버리고 말았어요. 그래도 건강은 그런대로 돌아왔던 덕에 생활에는 큰 지장이 없었어요.

그 후, 이상한 일들이 일어나기 시작했어요. 과거에 꾸었던 꿈이 현실에서 일어나는 거예요. 뭔가 일이 생기면 '아, 이거 예전에 꿈에서 본 적 있어' 하게 되는 일이 점점 늘어갔어요. 그러던 중, 이번에는 누군가의 목소리가 귀에 들려왔어요. 처음에는 그다지 무섭거나 나쁜 내용은 아니었어요. 뭐랄까 이야기를 나누는 것이 들리는 듯한 느낌이었죠.

뭔가 앞으로 일어날 일에 대한 이야기였어요. 처음에는 '정말 그런 일이 있어?' 하고 반신반의했지만, 점점 더 심한 환청에 시달리면서 그것을 믿어버리게 되었죠. 그렇게 되자 들려오는 목소리가 무서운 말들을 뱉어놓기 시작했어요.

"넌 악마야", "사람을 죽이려 하고 있어"라는 말까지 듣게 되자 정말 그렇게 될지도 모른다는 생각이 들더군요. 내가 사람을 죽이려 한다는 말이 들렸을 때는 너무나 두려워서 부모님께 잠시 집에 혼자 있게 해달라고 할 정도였어요.

자신의 의식변화를 무서워하게 된 딸이 집에서 잠시 나가달라고 하면, 야요이의 부모님은 그 이유를 묻지 않고 일단 부탁하는 대로 해주었다. 이외에도 비슷한 일이 있었다. 집에서 그동안 기르던 개를 죽일 것이라는 환청이 들리자, 야요이는 부모님께 개를 데리고 밖에 나가달라고 부탁했다. 위험한 일들은 이밖에도 많았다.

이상 행동이 관계회복의 계기가 되다

그 무렵에는 정말 다양한 사람들의 목소리가 들렸어요. 옛날에 좋아하던 남자아이나 엄마, 그리고 가나모리 선생님의 목소리까지 들리더군요. 오사마 빈 라덴 같은 사람이 나와서 "네가 있는 곳을 공격할 테다"라는 말을 한 적도 있어요. "죽을 거야" 하는 저 자신의 음성도 종종 들렸고요.

언젠가 동경 근교의 어느 마을에 갔을 때 "넌 죽게 될 거야" 하는 목소리가 들려왔어요. 그대로 3일 동안 집에 돌아가지 않았어요. 이때 부모님은 물론이고 언니와 친구들도 모두 저를 찾아 나선 모양이에요. 물론 경찰에도 연락해서…. 우여곡절 끝에 엄마가 저를 찾아내셨지만 저는 어떻게 해서든 돌아가지 않으려 했죠. 그런 일이 몇 번은 반복되었고, 어떤 때는 제가 먼저 전화를 걸어 "곧 죽을 것 같아"라고 도움을 청해서 가족들이 데리러 와준 적도 있어요.

그런 일을 겪으면서 가족들의 사랑을 느끼고 차츰 가족과 함께 식사할 수 있는 마음이 생기더군요. 그때까지는 그렇게도 싫더니 말이에요. 제 안에 가족을 받아들이는 마음이 생기기 시작했기 때문이겠지요.

가족의 적극적이고 호의적인 도움 덕분에 안정을 되찾고 있다는 나의 설명에 야요이는 가족에 대한 거부감을 조금씩 내려놓기 시작했다. 실종 소동이 있던 무렵 야요이는 정신과 진료를 받으며 약을 복용하고 있었다. 하지만 3개월 정도 지나자 조금씩 상태가 좋아졌다. 그리고 자신이 말했던 것처럼 가족들을 편하게 받아들일 수 있게 되어 식사도 함께 하게 되었다.

가족에게도 야요이에게도 힘든 시간들이었지만 환청으로 인한 소동은 결과적으로 가족이 그녀를 돕는 계기가 되었다.

마침내 맞은 진정한 행복

그 이후로 야요이는 빠른 속도로 자신을 회복해 나갔다. 식품 홍보 아르바이트를 시작한 지도 벌써 1년이 조금 지났다. 두려워서 남들 앞에 서지도 못했던 그녀가 사람들 앞에서 상품 홍보를 한다는 것은, 불과 얼마 전까지 상상조차 할 수 없었던 일이다.

때때로 불안이 찾아오기도 하지만 이전처럼 몸을 움직이지 못하게 되는 일은 없다.

다른 사람을 두려워했던 야요이는 젊은이들 중심의 문화학교에 출석하여 자유롭게 발표하며 다른 사람들과의 대화를 누구보다도 즐기고 있다. 게다가 좋아하는 남자친구가 생겨서 지금 원거리를 오고가며 연애 중이다. 지금까지의 일들을 모두 알고 이해해주는 남자친구로 인해 더욱 안정감을 느낀다고 한다.

얼마 전에 야요이로부터 요즘 어떤 마음으로 지내는지 듣게 되었다. 마지막으로 그 말을 여러분께 선물하고자 한다.

"마침내 진정한 행복이 무언지 알게 된 것 같아요. 이전에는 성공해야만 행복하다고 생각했어요. 하지만 성공해도 행복하지 않은 사람이 있고, 성공하지 않아도 행복한 사람이 있더라고요. 스스로 편안하고 즐겁다고 느낄 수 있다면, 그것이 바로 인생의 행복이더군요."

짧지 않은 8년이라는 고통의 힘든 시간을 보내고 스스로 보람된 행복을 찾은 만큼, 이 말 속에는 우리의 마음을 돌이켜 보는 움직이는 힘이 있다.

마음의 진료 기록

　이 사례의 핵심 포인트는 두 가지로 요약된다.

　하나는, 야요이가 부모님과 강하게 대립하거나 미움을 품지 않았다는 점이다. 그리고 또 하나는 환청이라는 증상이다.

　먼저, 부모님과 갈등이 깊을 때는 강하게 대립하는 것이 대부분이다. 오히려 야요이 같은 경우는 흔치 않다. 그녀는 성격상 남을 증오하는 데까지는 가지 않았다. 야요이는 어떤 문제가 있으면 그것을 피하거나 도망가려는 성향이 있었다. 하지만 그래서 회복하기까지 시간이 더욱 오래 걸렸고, 마지막에는 환청 증상에 따른 이상 행동까지 보였던 것이다. 즉, 그렇게까지 되지 않으면 부모님이 사태의 심각성을 눈치 챌 수 없었을지도 모른다.

　환청이란 실은 매우 위험한 상황이다. 그런 상황이 되면 많은 사람들은 환청에 휘둘려 그것을 진짜로 믿어버리고 만다. 야요이의 경우 다행인 것은 어딘가에서 들려오는 그 소리가 '환청'이라는 의식이 있었던 점이다. 그것이 바로 구원의 빛이었다.

　나는 그것에 대해 야요이와 충분히 이야기를 나누었다. 환청을 듣고 그것이 실제 일어나는 일에 대해서도, 그리고 '실제로는 일어나지 않을 거야'라고 생각하는 또 한 명의 자신이 있다는 것에 대해서도 말이다. 그래서 환청이 들릴 때마다 냉정하고 차분한 또 하나의 자신을 붙잡을 수 있었다.

부모님이 이 단계에서 진지하게 그녀를 마주 대해준 것도 행운이었다. 결국 야요이는 부모님이 자신을 진지하게 대해줄 때까지 온갖 수단으로 이상 증상을 만들어냈던 것이다.

물론 자신이 의식적으로 계획했던 것은 아니다. 무의식의 움직임이 그렇게 만들었을 것이다. 마지막에 소개한 그녀의 현재 심정은 부모님을 향한 말이기도 할 것이다. 지금까지 부모님이 '행복'이라고 믿었던 것은 진정한 행복이었나요? 새 출발을 하는 야요이가 앞으로 자신을 잃는 일은 더 이상 없을 것이라 생각한다.

5장

누군가에게
의지함으로
다시 일어섰다

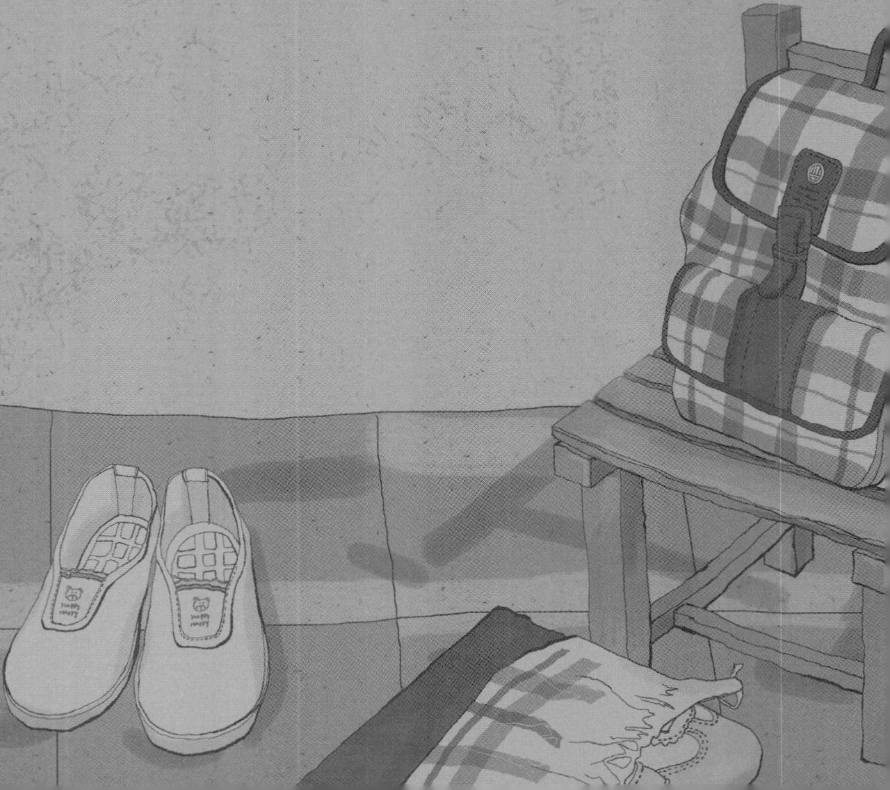

37년간의 긴 고통으로부터 구해준 것은 부모님의 사랑, 만화 그리고 …

이름: 쿠사노 미키오(남, 37세)
가족: 아버지, 어머니, 형, 여동생

학교라는 배움터로부터 튕겨지고 집단생활 속에서 무어라 표현할 수 없는 고통을 느끼는 아이가 있다. '아이들이 건강하고 씩씩하게, 그늘 없이 밝게 자라주었으면….' 부모라면 누구나 이렇게 바랄 것이다. 어른이 바라보는 어린이 상이 그렇기 때문이다. 하지만 그것은 어디까지나 기성세대의 생각이다. 아이들 중에는 사람들과 어울리는 것이 버거운 아이도 있다. 여럿이 떠들썩하게 노는 것보다는, 혼자서 물건 만들며 놀기를 좋아하는 아이도 있다. 그런데도 많은 부모들은 자신의 아이가 혼자 있는 것을 보면 '외톨이라 불쌍하다'라든가 '어째서 다른 아이들처럼 친구들과 어울리지 않는 걸까' 하고 조바심을 낸다.

학교 선생님들도 마찬가지다. 밝고 활기찬 아이에게는 눈이 가지만, 어른스럽고 조용한 아이에게는 좀처럼 시선이 미치지 않는다. 더구나 아이의 보이지 않은 마음속까지 관심을 가지고 헤아려주기란 쉽지 않을 것이다.

때문에 그런 아이일수록 부모가 제대로 지켜보아야 한다. 혼자서 가만히 있을 때에도 아이의 마음이 충족되어 있는지를 잘 살피는 것이 중요하다. 그렇지 않고 부모 역시 주변 사람들과 똑같이 부정적으로 대하면, 아이는 '난 정말 형편없는 아이인가 봐' 하고 생각해버린다. 그리고 거기서부터 톱니바퀴는 엉켜버릴 가능성이 크다. 쿠사노 미키오도 그런 내성적인 남자아이 중에 하나였다.

어린 시절에 관한 좋은 기억이 없습니다. 지금은 체격이 좋은 편이지만, 유치원을 다닐 때에는 삐쩍 마르고 무척이나 소심해서 또래 아이들을 많이 무서워했죠. 모두 우르르 모여들면, 그것만으로도 움츠러들곤 했으니까요. 그래서 늘 혼자서 블록 쌓기를 하거나 장난감 조립을 하면서 놀곤 했죠. 그런 것이 익숙하고 마음도 편했거든요.

하지만 그것은 부모가 바라던 아들의 모습은 아니었다.
"좀 더 적극적으로 해!"

“사내아이니까 더 강해져야만 해!”

미키오는 자신의 성향과는 상반되는 이야기를 무수히 들어야만 했다. 그런 경험이 반복되게 쌓이자 자연히 자기부정의 감정이 자신도 모르게 생기기 시작했다.

아이의 마음을 돌본다는 것은

미키오는 유치원 시절을 되돌아보면 자신이 정말 형편없는 아이였다는 것을 상징할 만한 슬픈 기억이 떠오른다고 한다. 하나는 어머니에게 들은 말, 다른 하나는 아버지에게 들은 말이다.

언젠가 유치원에서 엽서를 쓰는 시간이 있었는데, 선생님께 써서 드렸더니 대충 훑어보고는 구겨서 쓰레기통에 버리시는 거예요. 뭔가 이유가 있어서였을지도 모르지만, 아무튼 저에게 그것은 치욕이었고 상당한 충격이었어요. 고민 끝에 어머니에게 말씀드렸어요. 누군가 나의 슬픈 마음을 알아즈었으면 하는 마음에서였죠.

그러자 어머니는 “네가 늦게 내니까 선생님이 짜증나서 못 기다려주신 거잖아” 하고 오히려 저를 혼내시더군요. 그때 ‘역시 사람들은 날 좋아하지 않아. 난 다른 아이들과 분명 다른가 봐’ 하고 슬퍼했던 기억이 있습니다.

또 하나는, 역시 유치원 다니던 시절에 사촌이 집에 놀러 왔을 때의 일이에요. 당시 아버지는 취미로 표주박을 모으셨어요. 사촌이 창고에 한 가득 있는 표주박을 보고는 "삼촌, 이 크고 멋진 표주박 하나만 주세요" 하니까 아버지는 "좋아, 가져가라" 하며 흔쾌히 내어주시더군요.

그것을 본 저는 "저도 큰 것을 갖고 싶어요"라고 하자 아버지는 "안 된다. 어린 아이들은 진정한 가치를 모르니까"라며 구석에서 조그맣고 이상하게 생긴 표주박을 하나 꺼내셨어요. "너한텐 이걸 주마. 소중히 다루거라. 그러면 표주박 안에 신령님이 사실 거야" 하며 웃으시는 거예요. 저는 전혀 기쁘지 않았고, 그것을 소중히 여기고 싶지도 않았죠. 제가 갖고 싶었던 것은 사촌과 똑같은 큰 표주박이었거든요.

'사촌한테는 큰 것을 주면서 어째서 나에게는 주지 않는 거지?' 어린 미키오의 마음속에는 이것이 몇 번이고 되새겨졌을 것이다. 나중에 그때의 일을 미키오의 아버지 카유키에게 이야기한 적이 있다. 그로서는 '큰 것보다는 손에 맞는 것에 직접 손때를 묻히면서 가장 너다운 물건으로 만들어라'는 교훈을 줄 생각이었다고 한다. 하지만 안타깝게도 그 깊은 뜻이 어린 미키오에게는 전달되지 않았다. '신령님 같은 거 없어도 되니, 사촌과 똑같이 큰 표주박을 갖고 싶었는데….'

왜 큰 표주박을 갖고 싶은지 묻거나 무엇을 원하는지 말하게 했으면, 어린 미키오는 "난 작은 것은 필요 없어요. 큰 것을 갖고 싶어요"라고 자기 의견을 정확하게 전달할 수 있었을지도 모른다. 그 간단한 과정이 없었기 때문에 '사람들은 날 좋아하지 않아'라는 생각이 더 깊어지고 말았던 것이다.

따돌림과 놀림의 반복된 생활

유치원 때부터 자신의 의견을 억누르고 지낸 미키오는 초등학교 입학과 동시에 같은 반 아이들로부터 따돌림과 놀림의 대상이 되고 말았다. 소심하고 말대꾸도 하지 못하는 얌전한 성격이었던 탓에 언제나 표적이 되었다. 중학생이 되니 점점 더 심해져서 그를 둘러싼 학교의 환경은 최악으로 치달았다.

그때까지 참았던 것이 절정에 이르렀어요. 하루는 작정을 하고 부모님께 "학교에서 좋지 않은 일을 당하고 있다"고 말씀드렸죠. 하지만 부모님은 아무 말도 해주지 않으셨어요. 그래서 다시 "친구들에게 따돌림 당하고 있다"고 정확하게 이야기하자, 아버지는 동생을 쳐다보며 "따돌림 당하기 쉬운 애들이 꼭 있지 않니?"라고 하시더군요. 조롱하는 듯한 이 한 마디로 이야기는 끝이 났습니다. 따돌림 문제를 해결하지 못한 채, 3년을 버텨내며 계속 학교를 다녀야 했죠.

그런 상태에서도 미키오가 어떻게든 학교에 다닐 수 있었던 것은, 아버지의 이야기를 늘 기억하고 있었기 때문이다. 중학교에 입학했을 때 아버지는 "넌 평범한 샐러리맨이 되는 길밖에 없으니까 학교는 꼭 마쳐야 해"라고 말씀하셨다.

이 이야기를 스스로 인정한 그는 '어떻게든 학교는 다녀야 해', '고등학교에 가면 괜찮아질 거야.'라고 스스로를 달래며 고통스러운 중학교 시절을 이겨냈던 것이다.

좋은 기억이라고는 하나도 없는 중학교 생활을 마치고, 아무것도 해결되지 않은 상태에서 고등학교에 들어갔다. 새 환경을 맞이한 사람이라면 누구나 새로운 다짐을 할 것이다. 미키오 역시 고등학교 생활을 시작하면서 지금까지와는 다른 생활을 하고자 결심했다. 1학년 때는 육상부에 가입해서 동아리 활동을 즐기려 했다. 그러나 1년을 넘기지 못했다. 이번에는 동경대학교를 목표로 무섭게 공부에 집중했다. 역시 즐기는 시간도 없이 열심히 달리기만 하는 생활에는 한계가 있었다. 결국 3학년이 되자 학교에 더 이상 나갈 수 없게 되었다.

학교에 나갈 수 없게 된 결정적인 계기가 있었어요. 2학년이 끝나갈 무렵이었죠. 싸움 잘 하기로 유명한 동급생이 2학년 6반의 조회가 끝났는지 보고 오라더군요. "네가 직접 가서 봐"라고 거절하자마자 바로 화장실로 끌려가 얻어맞았습니다.

싸움을 하고 돌아온 날, 아버지에게 사정을 이야기했지만 "너 같은 약한 자식은 내 아들이 아니다. 녀석의 등뒤라도 물어뜯고 와라"는 말씀만 들었죠. 그래서 다음 날부터 '상대방이 싸움을 걸어오면 나도 더 세게 갚아주겠어' 하며 기합을 넣고 학교에 갔습니다. 그러자 어느 정도 방어는 할 수 있게 되더군요.

그런데 그때부터 작은 소리에도 반응하고 뒤돌아보게 되는 거예요. 필통에서 연필을 꺼내는 것조차 반 친구들에게 감시당하고 있다는 생각이 들었고, 어디를 가도 나의 행동이 모두 CCTV에 찍히고 있다는 생각까지 하게 되었습니다. 결국 고등학교 2학년 겨울부터 조금씩 학교를 쉬는 날이 많아졌고, 3학년부터는 학교에 전혀 나갈 수 없었어요. 등교는 고사하고 침대에서 몸을 일으키는 것도 힘들었죠.

아무도 눈치 채지 못한 SOS 신호

문제를 일으키는 아이 부모의 대부분이 그렇듯이 미키오의 어머니도 이렇게 되고 나서야 사태의 심각성을 깨달았다.

그녀는 '남자 아이는 강하게 키워야 한다. 때로 친구나 상급생과 싸우다 매를 맞고 돌아올 수도 있다'는 교육방침을 갖고 있었다. 그렇기 때문에 미키오가 친구들에게 따돌림을 당하고 울면서 돌아오면, 아이의 기분을 위로해주기보다는 '네가 제대로 했으면 친구들이 놀리지 않았을 거야'라며 질책부터 했다. 물론 부모로서 '아이가 좀 더 강해졌으면' 하는 바람 때문이었지만….

지금 생각해보면, 미키오가 보낸 SOS 신호를 몇 번이나 보고 들었던 것 같아요. 처음의 신호는 아이가 초등학교 4학년 때였어요. 미키오가 '사후의 세계'라는 제목으로 글을 지은 적이 있었어요. 거기 한 구절에 '나는 엄마, 아빠가 돌아가셔도 슬프지 않아'라고 적혀 있더군요, 그것을 본 미키오 친구의 어머니가 "댁의 아이 좀 이상하지 않아요?"라며 지적해주었지만 저는 대단치 않게 생각했어요.

중학교에 들어가서는 이상 행동이 눈에 띄게 늘더군요. 수업을 빼먹고 논길에 불을 지른다거나, 자기보다 약한 아이들을 향해 비비탄을 쏜다거나, 가정집을 향해 폭죽을 던진다거나…. 따라서 당연히 담임선생님께 혼나는 횟수도 늘어갔죠. 그중 선명하게 기억나는 일이 있어요. 중학교 졸업식을 마치고 돌아오자마자 졸업앨범을 갈기갈기 찢어버리는 거예요. 저는 너무 놀라서 그것을 보고 '왜 찢는지'를 묻기보다 "무슨 짓을 하는 거야. 평생 한 번밖에 받을 수 없는 것을!"라고 혼내면서 매까지 들어 아들의 마음을 짓눌러버리고 말았죠.

등교 거부와 입원 그리고 일

고등학교를 1년간 쉬고 나서 결국은 중퇴해버린 미키오는 학교를 떠난 후에도 고통에서 쉽게 해방되지 못했다. 상담도 적극적으로 받았지만 큰 효과는 없었다. 그 후에 유명한 병원의 정신과에서 검사를 받은 결과 '경계성 인격장애'라는 진단을 받아 입원했지만 일년 후 자진 퇴원하였다.

퇴원 후에는 집에서 뒹굴 거리며 지냈습니다. 그때가 인생에서 가장 여유롭고 행복한 시간이었던 것 같아요. 사람이 다니지 않는 곳만 골라 자전거를 타기도 했고, 개와 함께 산책도 즐겼죠. 시간이 나는대로 영화도 많이 보고 소설이나 만화도 많이 읽었어요. 뒤돌아보면 그 시간이 제게 가장 큰 재산이 되어준 것 같아요.

하지만 언제까지고 그렇게 빈둥거릴 수는 없었죠. 그대로 부모님이 돌아가시면 저는 노숙자가 되어버릴 수도 있다는 생각이 들자 갑자기 불안해졌어요. 노숙자가 될 용기조차 저에게는 없다는 것을 알았기 때문이죠. 그래서 '뭐라도 해야만 해', '스스로 돈을 벌어야 해'라는 생각으로 만화를 그리기 시작했습니다. 독학으로 만화 그리기를 3년, 스물다섯 살이 되던 해에 만화 잡지에 응모해서 입선했습니다. 하지만 그후 별다른 진전이 없어 수입은 거의 전무한 상태였죠. 이따금 아버지 친구의 회사에서 아르바이트를 했지만, 역시 사람과 마주하는 것이 괴로워서 또 다시 혼자서도 가능한 만화 그리기에 몰두했습니다.

20대는 미키오에게 비교적 평화로운 시기였지만 변화가 시작된 것은 서른을 갓 넘길 무렵이었습니다. 이제는 만화로 생계를 유지하지 않으면 안 되겠다는 강박관념이 밀려오기 시작했죠. 그때까지 연재하던 잡지들은 거의 동호회 잡지 수준이라 원고료가 전혀 나오지 않았어요. 그래도 그것이라도 계속하다 보면 다른 곳에서 일을 의뢰할지도 모른다는 생각이었죠. 버는 돈이라고 해봐야 아버지의 안면으로 들어오는 일러스트 비용 정도였습니다.

'나는 앞으로 어떻게 살아야 하나' 하는 고민에 휩싸여 있던 저에게 어머니는 말씀하셨어요.

"뭐라도 좋으니, 만화는 집어치우고 돈 되는 일을 하거라"

"부모가 언제까지 너를 먹여 살릴 수는 없지 않니"

"많든 적든 네 손으로 돈을 벌었으면 좋겠구나"

이런 충고들이 계기가 되어 제 머릿속에 변화가 일어나기 시작했습니다.

패닉, 폭력 그리고 망상

드디어 서른세 살 무렵 미키오에게 심각한 증상이 나타났다. 그때까지 억눌려 있던 것들이 표출되기 시작한 것이다. 손을 봐도 자신의 손이라 생각되지 않았고, 중얼중얼하는 혼잣말도 많아졌다. 보고 듣는 것, 모든 것에 대한 공포심으로 인하여 밤에 잠을 잘 수도 없었다.

심각한 우울증에 빠져서 병원에서 처방받은 항우울제와 술을 같이 먹었다. 당시를 회상하며 미키오는 이렇게 이야기했다.

"언제나 머리가 뜨거워서 어쩔 도리가 없었어요. 누군가 머리를 아주 세게 죄는 것처럼 괴로웠죠."

미키오의 부모님이 나를 찾아온 것은 바로 그 무렵이었다. 그때의 일을 미키오의 어머니는 이렇게 들려주었다.

그 당시 아들은 완전히 패닉 상태였습니다. 증상이 하루가 다르게 악화되었고 저희에게 폭력을 휘두르려고까지 하더군요. 지금까지 본 적 없는 증오로 가득 찬 눈으로 "당신들이 나쁜 거야!"라고 퍼부으며 거칠게 달려드는 아들을 어떻게 해야 할지 알 수 없었어요.

그러던 중에 남편이 가나모리 선생님의 책을 가지고 와서는 읽어보라고 했어요. 책에 푹 빠져서 읽던 중, 한 구절이 가슴을 파고들었어요.

"당신의 양육 방식이 잘못되었다."

그 한 구절이 제 머릿속을 떠나지 않더군요.

'혹시 우리 집도 잘못된 건 아닐까?' 생각조차 해보지 않았던 의문이 고개를 들었습니다. 그래서 지푸라기라도 잡고 싶은 심정으로 집을 나섰던 거예요. 정말 부끄러운 얘기지만, 저는 선생님을 만나기 전까지 미키오의 원인이 저희에게 있을 거라고는 상상조차 못했어요. 미키오의 형도 여동생도 같은 식으로 키웠거든요. 그런데 미키오만 문제가 있었기 때문에, 아들에게 모든 원인이 있다고 생각했던 거죠.

오랜 시간 상담해준 다른 선생님에게서도 제 책임에 관해서는 한 마디도 들은 적이 없었고요. 그분은 언제나 "차차 나아질 테니 걱정 마세요"라는 이야기만 되풀이했죠. 그 말을 믿고 안심했었지만 상황은 더 나쁘게만 돌아가더군요.

그러던 중, 가나모리 선생님과 면담하면서 "먼저 양육 방식을 180도 바꿔봅시다"라는 조언을 들었어요. "아이가 원하는 것을 전부 들어주세요"라는 말씀을 듣고는 정말 깜짝 놀랐어요. '그러면 응석을 전부 받아주는 꼴이 되지 않을까' 하는 걱정 때문이었죠. 하지만 점점 거칠어지는 아들을 생각하면 그런 우려를 할 여유조차 없었습니다. 남편과 함께 일단 선생님의 조언을 믿어보기로 했죠. 뿐만 아니라 날로 심해지는 아이의 폭력에 대해서도 충격적인 조언을 들었어요.

"미키오의 폭력을 참을 수 있을 때까지 참고 받아주십시오. 부모가 막아내는 수밖에는 없습니다."

그때까지의 상담에서는 "폭력을 휘두르기 전에 어떻게든 조치를 취하십시오. 폭력은 폭력을 낳을 뿐입니다" 하는 말만 들어왔던 터라 충격을 감출 길이 없었습니다. 혼란스러운 와중에 '참아내는 수밖에 없다'는 결론에 이르렀죠. "우리가 하는 수밖에 없어. 이 아이를 도울 수 있는 것은 의사도 그 누구도 아닌 우리뿐일 테니까." 남편도 그렇게 생각했던 모양이에요.

어머니의 성장과정과 모정

가족들이 겪은 혼란은 매우 컸다. 미치코는 잠시도 미키오 곁을 떠날 수 없는 상황이었기 때문에 시간을 내기 힘들었지만, "어머니에게 문제 해결의 힘이 있습니다"라는 말을 들은 후부터는 상담에 열심이었다.

아버지가 일찍 돌아가셨기 때문에 미치코의 어머니는 혼자서 육남매를 키웠다. 그래서 미치코는 아주 어렸을 때부터 '어머니께 걱정을 끼쳐드려서는 안 된다', '화나시게 해서는 안 된다'는 생각으로 열심히 살아왔다. 어머니께 어리광을 부려본 기억도 없었고, 엄하게 가르쳐주신 것들을 끝까지 따르고 지키기 위해 최선을 다했다. 하지만 자라면서 어머니의 사랑을 충분히 느끼지 못했던 것이다.

선생님께 지적을 받고 돌이켜보았더니, '정말 나에게는 애정이 없었구나' 하고 생각되는 장면들이 많이 떠오르더군요. 저는 약한 미키오를 보며, 허약한 몸을 걱정하긴 했지만 심중을 헤아려주려고 하지는 않았어요. "강해져라"고 하면서 다그치기만 했고, 아들의 바람을 들어주기는 커녕 짓누르려고만 했던 것 같아요.

아들이 지금 저희에게 폭력을 휘두르고 난폭하게 구는 것은 '도와줘!'라고 하면서 마음속으로부터 부르짖는 비명이라는 것을 알았습니다. 그렇게 생각하자 저는 아이의 모든 행동들을 받아들일 수 있었어요.

그러던 어느 날, 아이가 갑자기 "삼촌댁에 가고 싶어"라고 말을 꺼내더군요. 저는 직감적으로 '이 아이가 죽을 생각을 하는구나'라는 것을 눈치 챘습니다. 저도 남편도 그것을 직감했지만, 일단 들어주기로 하고 아들의 요구대로 차를 몰았습니다.

산길을 달리다 차에서 내려 산속을 돌아다녔어요. 어둠이 깔리고 결국 지칠 대로 지친 저희 세 사람은 아무렇게나 쓰러져버렸죠. 다행히 지나가던 사람이 있어 구조될 수 있었습니다. 지금 생각해도 그때 아들의 요구를 들어주길 잘한 것 같아요. 지금도 아들의 말은 뭐든 들어주려고 합니다.

망상과 고생 끝에 보이기 시작한 것

마음의 이상 변화는 '나를 사랑해줘'라는 필사적인 외침이다. 상처받아 피 흘리고 있는 마음의 절규인 것이다. 미키오도 그 당시에는 '부모님으로부터 사랑받고 있다'는 것이 전혀 느껴지지 않았다고 한다.

'사랑받고 싶어'라는 바람이 공격적인 성향으로 바뀌는 사례는 많다. 때로는 자살이라는 극단적 자기공격으로 나타나기도 하고, 때로는 부모에 대한 직접적인 공격으로 나타난다. 미키오의 경우는 후자였다.

저는 어릴 적부터 부모님께 사랑받고 있다고 느껴본 적이 없습니다. 그래서 제가 이렇게 된 것도 그 영향일 것이라 멋대로 판단 짓고 말았죠. 나는 이렇게 답답하고 힘들어서 견딜 수 없는데, 부모님은 평안한 얼굴로 생활하신다는 것이 참을 수 없이 화가 났습니다. 그러면서 조금씩 부모님을 증오하게 되었고 폭력을 휘두르게까지 되었죠. 아버지나 어머니에게 "당신들이 미워, 당신들이 원망스러워. 왜 아무도 날 사랑해주지 않는 거야!" 하고 소리 지르며 주먹을 휘둘렀습니다. 이성도 더 이상 말을 듣지 않더군요. 게다가 그때부터 '폭력단이 나를 노리고 있어'라든지 '일본에 경계령이 내렸어' 같은 망상에까지 사로잡혔습니다. 그 망상들이 당장이라도 일어날 것만 같아 매일 공포와 불안에 떨며 지냈죠. 그리고 어느 날, 폭력단의 명령에 시달리는 것보다는 차라리 경찰에 체포되는 것이 낫겠다는 생각에 부모님께 부탁해서 경찰서를 따라갔습니다.

경찰서에서 조금 소란을 피운 미키오는 그대로 4개월간 입원 조치를 받았다. 하지만 결과적으로 입원 조치는 그를 매우 좋은 방향으로 이끌어주었다.

미키오에게 통합실조증이라는 진단이 내려졌기 때문이다. 통합실조증이란 최근에 생긴 용어로, 이전에는 정신분열증이라고 불렸다. 미키오의 경우 이 병명이 확실해짐에 따라 지금까지와는 다른 약이 처방되었다. 그리고 약 덕분에 확실히 안정을 찾아갔다. 미키오는 오랜 기간 병원에 다녔지만 우울증이라고 진단받았기 때문에 항우울제를 복용하고 있었다. 위에 탈이 났는데 입안 염증 약을 먹었던 것처럼 의미도 없는 약을 계속 복용했던 것이다. 자신에게 맞는 약을 복용하면서 마음의 안정을 찾게 되자 비로소 주변이 보이기 시작했고, 그로 인해 마음의 치료를 할 수 있었다.

마지막으로 입원했을 때 아버지는 주치의에게 "잘 부탁드립니다" 하고 몇 번이고 고개를 숙이셨습니다. 장해연금 신청이나 수속도 구청 등을 다니며 손수 해주시는 모습을 보며 '아버지는 믿을 수 있는 사람이었구나'라고 느꼈습니다.

입원 중 어머니께 "시계 하나 사주세요" 하고 부탁하자, 줄곧 갖고 싶어 했던 시계를 바로 사다주셨습니다. 그때 '부모님은 정말 고마운 존재구나'라는 것을 깨달았어요. 그 계기로 부모님을 점점 믿을 수 있었고 '다시 한 번 부모님을 믿고, 인생을 새롭게 시작해보자' 하는 마음이 생겼습니다.

조금씩 비치기 시작한 희망의 빛

퇴원 후 미키오는 지금까지는 없었던 평온하고 보람찬 하루하루를 보내고 있다. 망상도 말끔히 사라지고, 외래 진료만 받으며 매일 그림책 제작에 의욕적으로 매달리는 중이다.

퇴원 후, 지금까지 그렸던 만화를 한 출판사에 보냈습니다. 그러자 "좋네요. 책으로 한번 내봅시다"라는 답변이 돌아왔어요. 제 책이 일반 서점에서 독자에게 판매된다는 것은 무엇과도 바꿀 수 없는 기쁨이었죠. 아픔이 컸던 만큼, 동네방네 큰 소리로 알리고 싶을 정도로 놀랍고 감격스러웠습니다. 곧바로 이 소식을 아버지와 어머니께 알려드렸고 두 분도 너무나 기뻐하셨어요.

그간의 37년을 뒤돌아보면 '참 길고 일도 많았다'는 생각이 듭니다. 하지만 그동안 저도 성장했고 아버지도 어머니도 정말 많이 변하셨습니다. 저에 대한 애정도 깊어졌고 무엇보다 저를 최우선으로 생각해주십니다. 지금은 마음속 깊은 곳에 부모님에 대한 신뢰와 감사가 있어요.

얼마 전에 출간된 제 그림책은 대만족입니다. 지금은 다음 작품을 위해 새로운 시도를 하고 있어요. 무리하지 않고 제 속도에 맞게 다음의 일들, 내일의 또 다른 계획을 꿈꾸며 살아가고 있습니다.

인간의 마음은 정말 신비롭다. 긍정적인 것이든 부정적인 것이든, 생각하는 것이 그 사람의 마음뿐만이 아니라 몸도 바꾸기 때문이다. 하지만 생각해보면 그것은 당연한 일이기도 하다. 우리 몸이 필요로 하는 영양소가 충족되지 못하면 병에 걸리듯이, 마음에도 양분이 필요하다. 미키오의 경우도 어릴 적 마음의 양분이 부족했던 것이 성장과정에서 큰 병으로 나타났던 것이다.

차이점은 몸은 영양이 부족하면 바로 이상이 나타나지만 마음은 오랜 시간이 지난 뒤 이상 현상을 드러낸다는 점이다. 그렇기에 양분을 공급하는 일에 있어서도 천천히 오랜 시간을 들여야만 한다. 지금 미키오는 그 과정 중에 있다.

성인이 되면 양분은 자기 스스로 공급할 수 있다. 미키오에게는 만화라는 일이 마음의 커다란 양분이 되어주고 있는 셈이다. 부모님도 곁에서 기쁜 마음으로 지켜봐주고 있다. 그런 의미에서 이 가정에는 오늘에서야 겨우 새로운 희망의 내일이 보이기 시작한 것이 아닐까 싶다.

지금까지 제시된 사례 중 가정 폭력 문제는 거의 없다. 그렇지만 실제로 등교거부 사례들 중에는 가정 폭력과 맞물려 있는 경우가 적지 않다.

나는 이런 문제에 대해 "아이가 폭력을 휘두른다면 받아주세요"라고 조언한다. 미키오의 경우도 그랬다. 그렇게 말하면 대부분의 부모들은 놀란다. 그리고 "그러면 아이를 응석받이로 만들어버리지 않을까요"라고 묻는다.

그렇다. 하지만 응석은 아이에게 있어 마음의 비타민과 같다. 그것이 충분하지 않은 아이가 어떤 시기가 되어서는 마음의 병을 드러내고 마는 것이다. 조금 늦어졌더라도, 부족했던 것은 보충해줄 필요가 있다.

부모 중 특히 아버지들은 자녀의 생각을 좀처럼 받아들이지 않는다. '자식이 부모에게 폭력을 휘두르는 것은 절대로 용서할 수 없다'는 사고 방식이 지배적이다. 오히려 받아줄수록 '자녀가 기어오르게 만들 뿐'이라고 하는 분들도 있다.

그것도 어떤 면에서는 일리가 있다. 하지만 나는 아이의 폭력을 받아줄 때, 반드시 '사랑으로' 받아주라고 당부한다. 때때로 자녀에 대한 '두려움'으로 폭력을 받아주는 부모가 있다. 또한 어쩔 방도가 없어 폭력을 당하는 경우도 있다. 하지만 그래서는 절대 안 된다.

"아이는 따뜻한 '사랑'을 원하지만 지금은 그것을 '폭력'이라는 형태로밖에는 표현하지 못한다"라는 것을 알고, 지금 눈앞의 아이를 있는 그대로 사랑스러운 내 자식으로 받아들여야 한다. 바로 그것이 자녀에 대한 올바른 사랑이다.

폭력을 휘두를 때에 아이는 아슬아슬하게 절박한 상황에서 부모의 사랑을 확인하고 있는 것이다. 이에 대해서는 부모가 사랑과 신뢰로써 대답해줄 필요가 있다.

처음부터 사랑을 듬뿍 받으며 자라난 아이라면 부모에게 폭력을 휘두르는 일은 없을 것이다. 폭력의 표현은 "사랑이 필요해"라는 필사의 외침이기 때문이다. 사랑은 신뢰의 바탕이기도 하다. 신뢰는 다시 자신감으로 이어진다. 대체로 사랑을 제대로 받지 못한 아이는 살아가면서 부모를 포함해서 다른 사람들을 제대로 사랑할 수 없다.

모든 자녀에게 사랑은 자라는 환경에 가장 필수적인 영양분이라는 것을 잊어서는 안 된다. 사랑은 가장 훌륭한 가르침이다.

6장

몸을 움직이면서
마음의 응어리를
풀어내다

스포츠를 통해
스스로의 약한 모습을 깨닫고
방황하던 학창시절을 극복할 수 있는
힘을 주었던 것도
가장 좋아하는 스포츠였다

> 이름: 우타가와 요시키(남, 24세)
> 가족: 아버지(회사원), 어머니(시간제근무), 형

우타가와 요시키가 나를 찾아온 것은 고등학교 1학년이 끝날 무렵인 열여섯 살 때였다. 초조함과 무기력 증상에 시달려 학교에 갈 수 없게 된 상태가 반 년 정도 지속된 때였다. 이곳에 오기 전에도 내과, 정신과 등 여러 병원을 다녔지만 원인조차 확실하게 알 수 없어서 최종적으로 나의 연구소를 찾은 것이다.

처음에 만났을 때, 그는 180cm의 큰 키에도 불구하고 목소리가 기어들어갈 듯 작아서 매우 약해 보이는 인상이었다. 어딘가 불안해 보이고 자신 없이 말하는 모습은 듬직한 체격과 어울리지 않았다.

요시키가 앓는 병의 근원은 겉모습과 마찬가지로 연약함에서 나오는 것이었다. 서툰 대인관계, 나쁜 말을 들어도 되받아치지 못하는 나약함, 자기 자신과 가족들에 대한 신뢰 상실…. 그런 것들이 쌓이고 쌓여 지쳐버린 것 같았다.

자신의 생각을 억누르고 죽이는 약한 자신

최근 자신에 대한 신뢰가 부족한 젊은이들이 늘고 있다. 바꾸어 말하면 자기긍정의 결여다. 이것은 자신감과는 조금 다르다. 무언가를 잘 할 수 있다고 생각하는 것이 자신감이고, 내세울 만한 특기가 없어도 그 나름대로 자신의 존재를 받아들이는 것이 자기긍정이다.

가정에서 어떤 이상형을 기준으로 못하는 것만 지적받으며 자란 사람은 자기를 긍정할 수 없다. 게다가 학교에서도 통제와 간섭으로 계속 억압받으면 그 증상은 더욱 심해진다. 요시키의 경우도 그랬다.

어렸을 때부터 사람을 대하는 것에 적극적인 타입이 아니었습니다. 제 생각이 분명히 있는데도 그것을 상대에게 전하지 못했죠. 모두 찬성하면 '내 생각은 다른데…' 하고 생각하면서도 입을 꾹 다물고 맙니다. 그런 것쯤 비판을 받아도 괜찮으니까 말해버리면 좋으련만, 어떤 경우에도 말을 꺼내지 못해요. 그렇게 해서 마지막에는 저의 생각을 마음 깊이 눌러 담아버리는 거죠.

그런 일이 몇 번이고 쌓여가자 제 안에는 언제부터인가 '다른 사람과 다른 생각을 가진 나는 분명 이상한 사람이야' 하는 생각이 생겼습니다. 그렇게 되니 더더욱 제 의사를 드러낼 수 없더군요.

요시키는 원래 스포츠를 매우 좋아하는 활발한 남자아이였다. 특히 야구를 좋아해서 초등학교 저학년 때부터 자진해서 리틀리그 야구팀에 들어갔다. 하지만 그렇게 좋아하던 야구조차 마음으로 즐기지는 못했다고 하였다. 이유는 늘 따라다니는 자신은 남과 다르다는 생각 때문이었다. '이것이 정말 내가 하고 싶어 하던 야구일까?' 요시키의 의문은 풀리지 않았고, 마음속에 앙금과 답답함을 안은 채 야구를 했다.

저는 메이저리그가 너무나 좋았습니다. 당시에는 지금과 같이 TV로 중계하지 않았기 때문에 서점에 가서 야구관련 서적이나 월간지를 읽으며 '아, 바다 건너 저편에는 이렇게 눈부시게 멋진 야구가 있구나' 하고 동경하곤 했죠. 그래서 야구를 시작해보았지만 실상은 뭔가 다르더군요.

제가 생각하는 야구는 볼을 던지고, 치고, 사인을 보내며 즐겁고 재미있게 하는 플레이였죠. 하지만 현실은 달랐어요. 코치가 말하는 그대로 움직이고, 꾸중을 듣고, 기합을 받으며, 오직 이기기 위해 연습했습니다. 오직 코치의 지도만 따라야 했고, 제 자신도 옆에 있는 친구도 전혀 즐거워 보이지 않았어요. 즐거워 보이는 순간도 있기는 했지만, 그것조차 어른의 장단에 맞춰 춤을 추는 것으로 보였죠.

하지만 그런 것을 누구에게도 말하지 못했습니다. 친구들과 흥미있게 야구 얘기를 나눈 적도 없었고요. 오히려 그런 생각을 하고 있는 제 자신이 이상하고 잘못된 것이라 생각했기 때문이죠.

즐기면서 꿈을 이룰 희망이 있다

옛날에는 어딜 가도 골목대장이 있었고 마을의 공터마다 아이들끼리 왁자지껄하게 삼각야구(본루, 1루, 2루만 놓고 하는 야구놀이)를 하곤 했다. 운동기구도 보잘 것 없었고, 어른의 참견도 지도자도 없었으며, 때로는 아이들끼리 룰을 정해서 스포츠와 놀이의 구분 없이 게임을 즐겼던 것으로 기억한다.

아이들 하나하나의 가슴 속에는 TV나 야구장에서 보았던 동경하는 야구선수가 있었다. 그들에게 자신을 오버랩시키면서 한껏 폼을 잡고 방망이를 휘둘렀다. 그렇게 자신도 모르는 사이에 조금씩 꿈을 이룰 힘을 키워나갔던 것이다.

하지만 안타깝게도 요즘 시대는, 아이들이 꿈을 품고 게임을 즐길 수 있는 장소나 시간이 사라져버린 것 같다. 그 자리를 대신해 전문가가 기술을 가르쳐주는 스포츠 팀이 있는지도 모르겠다. 확실히 기술은 향상되겠지만, 그 때문에 꿈을 키워나갈 뿌리가 사라져 간다면 …. 어쩌면 요시키는 어린 마음으로도 그 모순을 감지한 것인지 모른다.

'즐겁게 경기하고 싶어' 하는 마음속 소망을 숨긴 채 팀에서 정식 포지션을 유지하며 야구를 하던 요시키는, 마치 나쁜 일이라도 하는 듯이 혼자 서점에 가서 많은 잡지들을 읽으며 팀에서 이루지 못한 야구에 대한 동경과 열망을 채워야 했다.

여전히 어른들의 지도나 간섭에는 의문과 위화감을 느꼈지만, 좋아하는 선수의 유니폼 입는 스타일을 따라하는 등 혼자 즐기는 방법들을 터득하고 있어서 야구가 싫어지지는 않았습니다. 그래서 중학교에 입학해서도 주저 없이 야구부에 들어갔죠. 야구에 대해 조사하고 그것들을 외우는 것도 재미있었어요. 제 삶에서 야구는 떼려고 해도 뗄 수 없는 존재였기에 위화감이 있어도 계속 해나갔어요. 게다가 중학교 야구부는 분위기도 좋았고 그렇게 부담이 되지 않았던 것으로 기억합니다.

고등학교에 진학할 때도 특별한 희망 없이 그저 '다들 가니까 나도 가볼까’ 하는 기분에 시험을 본 것 같아요. 어쩌면 그때부터 조금씩 무기력함이 나타나기 시작했는지도 모르죠. 고등학교에서 가서도 야구부에 가입했습니다. 3학년까지 다 합쳐도 20명이 조금 넘는 소규모에 별로 강하지도 않았지만 선후배 간의 마찰도 심하지 않은 좋은 팀이었죠.

갑자기 나타난 등교거부 증상

표면적으로는 아무 문제도 없는 듯 보였지만, 1학년 2학기 무렵부터 조금씩 몸과 마음이 흩어지는 반응이 나타나기 시작했다.

이대로 있다가는 완전히 망가져버릴지도 모른다고 생각한 요시키는 부모님께 더 이상 학교에 나가지 않겠다고 선언했다. 갑작스러운 등교거부 선언에 부모님은 당혹감을 감출 수 없었지만 현명하게 처신했다.

“이 문제는 자, 얼마간 쉰 다음에 생각해보자.”

그렇게 말하고는 요시키가 제대로 쉴 수 있도록 해주었던 것이다. 동시에 ‘분명 정신적으로 지쳐 있을 거야’라고 판단하여, 전문 내과나 정신과에 데리고 가서 진료와 함께 한두 달 정도 진행 상태를 살펴보기로 했다.

요시키의 어머니가 나를 찾아온 것도 바로 그 무렵이었다.

어느 날, 학교에 가려고 자전거를 타고 나섰는데 묘하게 마음이 외로웠어요. 그것을 시작으로 차례차례 증상이 나타났어요. 하루 동안 막노동을 다녀온 것처럼 몸이 움직이지 않고, 나른하고, 머리도 무겁고, 조바심이 나고, 무기력해졌죠. 그래도 어떻게든 힘을 내어 학교를 다녔지만, 결국에는 침대에서 몸을 일으켜 세울 수도 없게 되고 말았습니다. 자고 일어나는 기본적인 일조차 제대로 할 수 없게 된 거죠. 자는 것도 고통이고, 살아 숨 쉬는 것마저 힘들었어요. 감각이 있는 모든 것이 싫어져서 '죽고 싶다'기보다 아예 '스르르 사라져버리고 싶다'는 생각만 가득했습니다.

가족의 대응은 구원과 부담이 되기도 한다

요시키가 나의 상담을 받은 지도 벌써 7년이 되어가지만, 그의 근본 기질은 변하지 않았다. 하지만 나에게 찾아와 이런저런 이야기를 하는 가운데 점점 표현하는 방법을 익혀서 자신이 생각하는 바를 말하고 행동으로 옮길 수 있게 되었다.

제 안에서는 '이제 더 이상 학교에 가지 않아도 되겠지' 하는 생각이 있었습니다. 하지만 특별한 계기가 있던 것도 아니었기에 불안하기도 했고 '차라리 몸에 병이 있는 것이면 좋겠다'는 생각마저 들었어요. 부모님의 권유도 있고 해서 내과에서 진료를 받아보았습니다. 하지만 결과는 '이상 없음'이었어요.

'몸에 이상이 있는 것이 아니면 마음의 병이다. 그렇다면 원인은?' 이런 저런 생각들을 해보아도 떠오르는 것은, 제가 이제껏 스스로에게 해온 일에 대한 후회 정도였습니다.

'내가 지금까지 무엇 하나 스스로 선택한 적이 있었던가? 사회를 향해 주장한 것이 있었던가? 아니, 나는 한 번도 제대로 의사표현을 해본 적이 없다. 스스로 무엇 하나 선택하지 않았다.'

16년간 남들의 비난이 두려워서, 남들과 다르게 생각하는 것을 들킬까 봐 무서워서 계속 눌러 담았던 진짜 제 마음이 이런 증상이 되어 나타난 것이라고 막연하게나마 확신하고 있었습니다. 하지만 어떻게 해야 할지 는 혼란스러웠어요.

어머니는 가나모리 선생님의 충고대로 제가 원하는 대로 하게 해주려 고 노력하시는 것 같았습니다. 형은 저를 불쌍히 여겼지만 아무 말도 하 지 않았죠. 가장 대하기 난처해하는 사람은 아버지였어요. 초반에는 저 를 데리고 밖으로 나가 기분전환을 시켜주려고 하셨지만, 시간이 지나 자 '몸을 움직이는 게 좋아'라든지 '언제쯤이면 움직여줄래'라고 말씀하 시며 초조한 모습을 보이셨습니다. '그냥 좀 내버려두었으면' 하는 저로 서는, 그런 아버지의 존재가 부담스럽기도 했죠.

사실 아버지는 초등학교 때 할아버지께서 자취를 감추시어, 자신의 아버지에 대한 추억이 거의 없습니다. 그래서인지 성인이 되어가는 저나 형을 대할 때에도, 어렸을 때와 마찬가지로 강하게 몰아세우거나 꾸짖 근 하셨어요. 아마도 아버지로서 어떻게 대응해야 할지 모르셨기 때문이겠죠. 그런 아버지가 가엾다고 생각한 적은 있어도 제 고민을 털어놓을 만한 상대로 생각하지는 못했어요. 예전부터 아버지에게는 감히 반항할 수 없는 기운이 있기도 했고….

자신에 대한 도전 그리고 자연과의 대화

제가 상담을 받을 수 있었던 것은 고마운 일이었습니다. 진심으로 내 이야기를 들어주는 사람이 있다는 것, 진심으로 따뜻하게 말을 걸어주는 사람이 있다는 것이 너무나 기뻤어요. 가나모리 선생님이나 그곳에서 만난 사람들과 이야기를 나누면서 제 생각을 솔직하게 말할 수 있었습니다. 그러다 보니 이번에는 내면에서 변화가 일어났어요. 그 순간에 하고 싶은 일을 행동으로 옮길 수 있게 된 거죠.

네댓 번 정도 상담을 받고 난 후부터 조깅을 시작했습니다. 거의 매일 달리자 점점 마음이 안정되었고, '좀더 몸을 움직이고 싶다'는 생각이 들더군요. 그러던 중, 이따금 지도를 보곤 했는데 어느 날 치바현에 있는 관산이 눈에 들어왔습니다. 갑자기 '이곳까지 걸어가보자'는 의욕이 생기더군요. 그 길로 바로 출발했어요. 일주일 정도 걸려 관산까지 걷는 동안 바람이나 공기, 햇빛을 온몸으로 느끼며 너무나 행복했습니다. 무엇보다 제가 그렇게 변한 것이 너무 기뻤죠.

관산에서 돌아온 요시키는 자연으로부터 에너지를 가득 받아서인지 자신감이 넘치는 듯 보였다. 실제로 그것을 계기로 좀 더 체력을 기르기 위해 트레이닝에 힘썼다. 특히 좋아했던 미국 스포츠 트레이닝 전문서적을 읽으면서, 다양한 스포츠를 관전하고 스포츠를 통해 여러 나라의 문화까지 배워가며 독학을 시작했다.

인간이란 참 신기하게도 억지로 공부를 하면 아무리 시간과 돈을 투자해도 머리에 들어오지 않지만 좋아하는 것은 단기간에 놀라울 정도로 흡수해버리고 만다. 트레이닝의 성과도 있었겠지만, 만날 때마다 요시키의 몸은 점점 다부져갔고 처음 만났을 때와는 전혀 다른 건장한 청년으로 변해갔다.

자연 속에서 얻은 기쁨

관산에 다녀온 지 1년 후, 이번에는 아오모리의 토와다 호수까지 걸어보기로 했습니다. 매일 50kg의 짐을 짊어지고, 40~50km를 걸었죠. 길을 잃지 않도록 계속 해안선을 따라 걸어가니 태양이 떠오르는 것부터 저무는 것까지 볼 수 있었어요. 태양의 색, 빛, 모양이 미묘하게 변해가는 것도 알 수 있었죠. 바람의 내음, 바다의 내음, 섬의 소리, 파도의 노래가 민감하게 느껴지며, 무(無)의 상태에 있는 것 같은 기분이었습니다. 밥도 제대로 챙겨먹지 못하는데도 '즐거워', '재미있어' 하는 생각으로 가슴이 벅찼어요. 발이 탱탱하게 부어오르고 몸에는 반점이 생겼지만, 기분만큼은 최고였죠. 누워서 잠을 청할 때면 '아, 이렇게 죽는 것일까. 그래도 여기서 죽는 것이라면 후회는 없어' 하는 생각이 들 정도로 만족스러웠기에 그것만으로도 행복했습니다.

그리고 여행을 끝냈을 때 지칠 법도 한데, 더욱더 스스로를 보충하고 싶다는 생각이 들더군요. 저의 마음, 머리, 그리고 몸을 더 넓혀갈 준비를 하고 싶었던 거죠.

요시키는 쉬는 날도 없이 곧바로 본격적인 트레이닝 공부를 시작했다. 자신이 습득한 지식과 성과를 시험해보고 싶다는 생각에, 레슬링이나 종합격투기의 개인 경기 대회에 출전해서 우승하기도 했다. 상대를 이겼다는 기쁨도 있었지만, 자신이 뭔가를 시작해서 조금씩 노력을 쌓아 결실을 맺었다는 기쁨은 무엇과도 바꿀 수 없는 자신감을 갖게 했다.

즐겁고 긍정적인 에너지로 충만한 사람에게는 긍정적인 일들이 생겨나는 법이다.

과거와의 대면 그리고 미래에 대한 희망

딱 스무 살이 되던 해였어요. 지인을 통해 고등학교 야구부 트레이닝 코치를 해보지 않겠냐는 권유를 받았습니다. 고등학생들의 몸을 만들어줄 코치가 필요하다는 것이었죠.

좋아하는 야구를 통해 지금껏 배우고 체험한 것들을 다른 사람들에게 환원할 수 있는 기회가 주어졌다는 사실에 그저 감사할 따름이었습니다. 기쁘게 그 일을 맡기로 했죠.

하지만 맡고 나니, 제가 예전부터 느꼈던 것들이 하나, 둘 떠오르더군요. '야구를 하려면 머리를 빡빡 밀어라', '운동을 하는 중에 이빨을 보이면 안 된다' 같은 보수적인 사고에 맞닥뜨릴 때마다 '좀더 편하게 즐길 수 있다면 좋을 텐데…' 하는 생각이 수없이 들었습니다. 하지만 그런 일로 무기력에 빠지거나 초조해지는 일은 없었어요. 어떤 환경 속에서도 즐기면서 일할 자신이 있었기 때문이죠.

그리고 작년부터는 중학교의 야구부 코치를 하고 있습니다. 중학교를 처음 방문한 날, 저는 1학년 선수들에게 "여기서 프로야구 선수가 되고 싶은 사람 있어?"라고 질문을 던졌습니다. 그러자 전원이 주저 없이 저를 향해 손을 들더군요. 저도 꿈을 품고 살아왔지만, 이렇게까지 부끄러워하지 않고 표현하는 아이들을 보자 벅차오르는 감동을 느꼈습니다. 솔직히 '나도 이렇게 되보고 싶다', '다시 한 번 이때의 나로 돌아가고 싶다'는 생각에 눈물이 흐르더군요. 그때의 감동을 잊을 수 없습니다. 그 때부터 스포츠를 통해 제가 얻은 모든 지식을 환원하고 싶다는 생각으로 열심히 가르치고 있습니다.

2001년 9월 미국에서 동시다발의 테러가 있던 그날, 요시키는 '나는 미국의 스포츠를 통해 도움을 받았으니까 그 은혜를 갚기 위해 무언가 하고 싶다'는 생각에 홀로 자원봉사를 위해 미국으로 건너갔다. 귀국 후 그는 이렇게 말했다.

"그렇게 엄청난 일을 겪었는데도, 어른이나 아이나 모두 희망과 꿈을 잃지 않고 즐겁게 지내고 있었어요. 오히려 제가 가서 힘을 얻어온 것 같아요. 긍정적인 사고와 꿈을 갖는 것이 얼마나 소중한지, 자원봉사를 하러 갔음에도 오히려 많이 배우고 왔습니다."

그렇게 말하는 그의 빛나는 눈과 미소를 지금도 선명하게 기억한다. 사람들은 때때로 자기 자신을 속이며 살아간다. 어쩌면 많은 경우 자신을 속였다는 사실조차 잊고 살아갈지도 모른다. 하지만 그중에는 그런 자신을 용납할 수 없어 괴로워하는 사람도 있다. 요시키가 그랬다. 그러나 그는 자신과 솔직하게 맞서 극복해내고 말았다. 그 노력에 큰 박수를 보낸다.

마음의 진료 기록

　자신감 혹은 자기긍정은 도대체 무엇일까? 무언가에 열심히 힘쓰는 것? 분명 그것도 하나의 방법이기는 하다. 하지만 무엇보다 중요한 것은, 설령 모자란 점이 많다 하더라도 그런 자신을 있는 그대로 받아들일 수 있는 마음이다. 그것이 진정한 의미의 자신감이며 자기긍정이다.

　여기서 자신감이나 자기긍정의 바탕이 되는 것은 사랑이다. 사랑이라는 마음의 양분이 없으면, 아이는 부모를 믿고 따르지 못하며 자기 자신도 신뢰할 수 없다. 자기 자신에 대한 신뢰가 없으면 자신감도 자랄 수 없고 자기긍정도 없어진다. 그리고 이는 필연적으로 자기부정으로 이어진다. 자기부정은 결국 '나 같은 건 이 세상에서 없어지는 것이 좋아' 하는 생각으로 확대되며, 실제로 자기 자신에 대한 물리적 공격으로 나타나기도 한다. 어떤 때는 자기부정이 타인에 대한 공격으로 연결되는 경우도 있다.

　요시키의 경우는 정말 다행히도, 자신에 대해서도 타인에 대해서도 공격적인 행동을 보이지는 않았다. 하지만 자신을 긍정할 수 없다는 사실이 무기력을 낳았고, 그것이 점점 육체적 이상으로 나타나는 과정을 겪었다.

만일 부모님이 그의 행동을 질책하는 등 부정적인 태도를 보였다면, 공격적인 행동이 나타났을지도 모른다. 요시키의 경우는 변화가 일어난 처음부터 부모님이 그것을 있는 그대로 이해하고 감싸주었던 것이 문제가 더 이상 악화되지 않게 해준 최대 요인이었다.

그는 자기가 좋아하는 스포츠를 통해 자기긍정과 자신감을 회복할 수 있었지만, 더 중요한 것은 부족한 부분을 포함하여 자신의 모든 것을 받아들일 수 있었다는 점이다. 구체적으로 말하면, 그는 장거리 여행을 떠나 자연 안에서 숨 쉬는 자신을 발견하고 즐거움을 느꼈다. 자연 속에서 평온하게 걸으면서 긍정적인 힘을 얻었던 것이다. 맑은 자연의 부드러운 공기를 쐬는 것, 그리고 그로 인해 기쁨을 느끼는 것이 어떤 약이나 치료보다 마음을 해방시키는 자연치유의 효과가 있다는 것을 우리는 요시키를 통해 배우게 된다.

7장

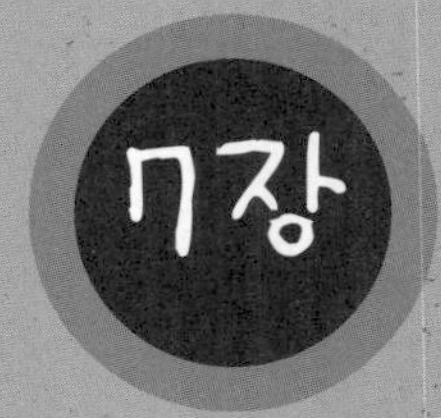

부모의 강요에서 벗어나 '나만의 존재'가 되고 싶다

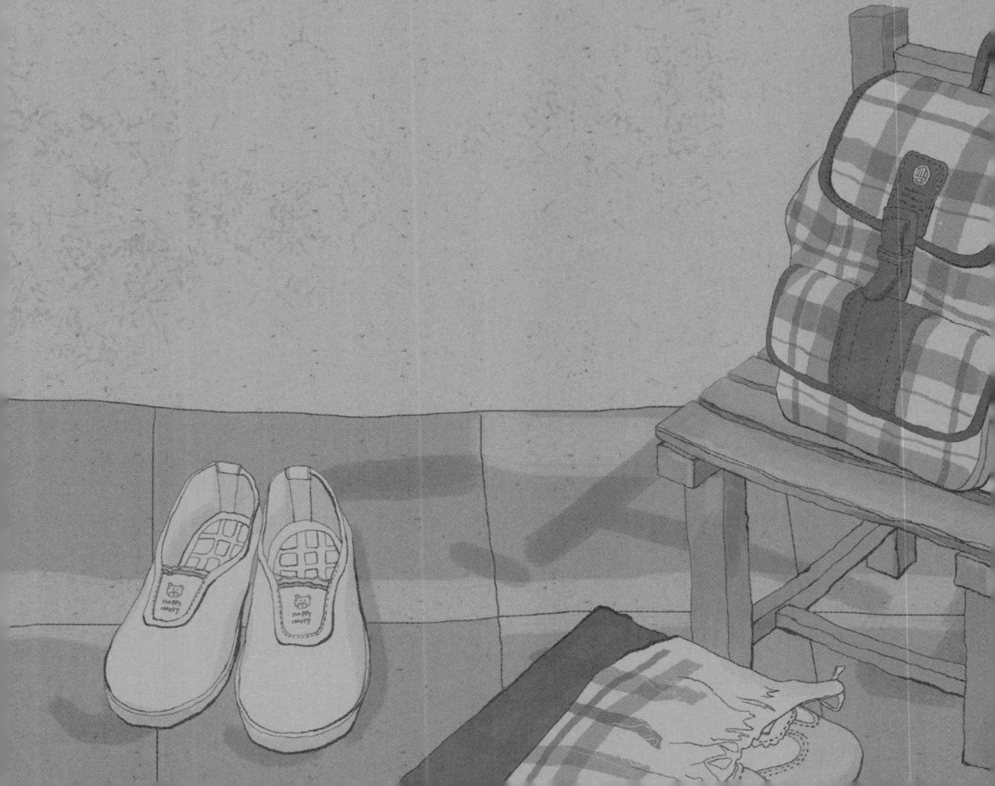

거식증에서 폭식증까지 거치며
고통스럽던 7년,
성격이 맞지 않는 어머니에 대한
비뚤어진 애정에서 비로소 진정한
나에게로 해방되기까지

> **이름: 코우노 나츠미 (여, 24세)**
> **가족: 아버지(회사원), 어머니(간호사), 남동생**

사춘기는 몸도 마음도 크게 변하는 묘한 시기다. 그것을 설레는 마음으로 받아들이는 사람이 있는가 하면, 초조와 불안으로 움츠러드는 사람도 있다.

후자의 경우라면 작은 일에도 정신적으로 동요하게 된다. 그 무렵, 나츠미 역시 불안정한 감정을 안고 있었다. 다니고 있는 사립 중학교에는 자동으로 같은 재단의 고등학교로 진학할 수 있는 제도가 있었지만, 나츠미는 다른 고등학교에 진학하기로 결심했다.

당시 그녀는 살이 찌는 것에 대해 극도로 두려워했다. 원래 그 시기에는 살이 찌는 여학생들이 많다. 그리고 대부분의 여학생들에게는 살찌는 것에 대한 두려움이 있다. 하지만 나츠미에게는 그러한 일반적인 불안뿐 아니라 '엄마처럼 되고 싶지 않아'라는 강렬한 바람이 함께 따라다녔다.

중학교에 들어간 무렵부터 살이 찌기 시작해서 2학년 때 다이어트를 시작했어요. 식사 조절과 조깅을 하고, 매일 한 시간씩 목욕탕에서 땀을 뺐죠. 도시락은 유치원생들이 가지고 다니는 작은 그릇에 담아 다녔고, 저녁에는 반찬만 먹고 밥은 먹지 않았어요. "살찌니까 얼굴이 엄마랑 판박이네" 하는 말을 듣는 것이 너무나 싫었어요. 그래서 53kg이던 몸무게를 40kg까지 줄였을 때는 '해냈다'는 성취감에 하늘을 나는 듯 기뻤어요. 주위 사람들로부터 "날씬하네"라는 말을 들을 때면 말할 수 없이 마음이 뿌듯했죠.

과식에서 등교거부로

무리한 다이어트로 살을 뺀데다가 그 당시 하루에 3~4시간의 부족한 수면으로 생리도 끊어지게 되었다. 이 경우에는 반드시 요요현상이 찾아오는데 그녀에게도 예외가 아니었다.

나츠미가 다니던 학교는 3학년이 되면 여름방학 동안 하와이로 단기연수를 보내즈었다. 그녀는 하와이에서 돌아온 직후 체중이 급격하게 늘어 60kg이 되어버리고 말았다.

이 문제는 바로 등교거부로 이어졌다.

처음에는 '살이 쪘으니까 밖에 나갈 수 없어' 하는 생각으로 학교를 빼먹기 일쑤였습니다. 살찌는 것이 싫으면서도, 오히려 먹는 것밖에는 흥미가 없었어요. 먹고 자기만 하는 생활이 이어지자 점점 기력이 떨어지더군요.

저는 남들처럼 먹고 나서 토하는 것도 할 수 없었기 때문에, 음식을 먹으면 바로 설사약을 먹었어요. 원래는 다니던 중학교와는 다른 재단의 고등학교로 진학할 거라고 생각하고 있었지만, 이미 저는 시험을 생각할 만한 상태가 아니었어요.

그래도 어찌어찌 해서 시험에 합격했고 고등학교에 들어갔습니다. 하지만 섭식장애는 점점 더 심해져 학교에 나가다가 안 나가다가 하는 상황이 반복되었죠. 그 무렵 고등학교 친구가 제 욕을 하고 다닌다는 이야기를 듣게 되었어요. 그 말을 들은 순간, 근근이 잡고 있던 실이 싹둑 잘려나간 것처럼 느껴져 이후로 아예 학교에 가지 않았죠.

나츠미의 섭식장애와 우울증은 그때부터 7년 정도 계속되었다. 그녀는 그 증세가 시작된 열다섯 살 때, 고등학교 선생님의 소개로 연구소를 찾아왔다. 이런 사례는 어머니나 아버지와의 갈등을 안으로 쌓아두고 있는 경우가 많다. 예를 들면 부모님의 뜻대로만 살아온 성장과정을 거치거나, 오직 부모님의 기대에 부응하기 위해 살아온 아이가 더 이상 그것을 버티지 못하게 되는 경우다.

나는 '더 좋은 학교에 진학하려 했던 것은 어쩌면 부모님의 권유 때문은 아니었을까?' 하고 생각했다. 하지만 이야기를 들어보니 진학에 대한 선택은 어디까지나 그녀 자신의 결정이었다. 다니던 중학교가 싫었던 것은 아니지만, 무언가 충족되지 않는 느낌이 들었던 모양이다. 그래서 다른 고등학교를 선택한 것이다. 그런 의미에서는 부모님의 생각을 일방적으로 받아들이기보다는, 오히려 자신의 생각을 확실히 가지고 있었다고도 볼 수 있을 것이다.

두 개의 키워드로 드러난 속마음

나는 상담을 통해 중요한 키워드를 발견했다. 그것은 "엄마처럼 되고 싶지 않아"라는 말과 '옷'이라는 단어였다. 어머니처럼 되고 싶지 않다는 것은 살찌고 싶지 않다는 것이었지만, 실제로 어머니 나오코를 만나보니 조금 통통한 체질이기는 해도 몸집이 뚱뚱하다고는 할 수 없었다.

다른 한 가지인 "옷"은 어렸을 때 아무리 싫다고 해도 어머니가 골라주는 옷을 억지로 입어야 했던 경험과 관련되어 있었다. 그녀는 '엄마는 전혀 내 기분을 고려해주지 않았다'고 당시를 회상했다. 옷의 경우, 후에 그녀가 섭식장애에 빠져 있을 때 회복의 계기가 된 에피소드로도 등장한다.

여기서 잠시 나츠미의 성장 과정에 대해 그녀가 직접 들려주는 이야기에 귀를 기울여보자.

어렸을 때에 저는 매우 어른스럽고 눈에 띄지 않는 아이였습니다. 사람들 앞에 서면 이내 굳어져버려 고개를 떨구고 마는 성격이었죠. 초등학교에 입학한 첫날에는 모두들 앞에서 자기소개를 하는 시간에 저 혼자만 아무 말도 못하고 울음을 터뜨려버리기도 했어요.

그 후에도 모두가 와자지껄하게 노는 것을 교실 한 구석에서 우두커니 바라보는 식이었어요. 그래서 저처럼 아이들 사이에 잘 끼지 못하고 남겨진 아이들과 친구가 되곤 했죠. 그런 자신이 싫었어요. 항상 지금의 나와는 다른 내가 되고 싶었고, 모두에게 주목받고 인정받고 싶다고 생각했죠.

엄마는 그런 저와 정반대의 성격으로 자신의 의사를 시원스럽고 분명하

게 말하는 성격이었어요. 제가 자신감 없이 우물거리고 있는 것을 보면,
"넌 내 자식이 아닌 것 같아"라고 말씀하시곤 했죠.

그래서 이런 저런 난처한 문젯거리가 생겨 엄마와 상담을 해보아도, 사
고방식이 전혀 달랐기 때문에 저로서는 납득할 수 없는 대답뿐이었어
요. 점점 '엄마는 나를 전혀 알아주지 않아'라고 생각하게 되었죠.

그럼에도 불구하고 저는 엄마가 너무나 좋았습니다.

비명과 자제 사이에서

어릴 때부터 나츠미의 마음에는 어머니에 대한 사랑과 미움이
뒤얽혀 있었던 것 같다. 그녀는 어렸을 때 소아천식과 알레르기
성 비염을 앓았다. 거기에다가 세 살 경에는 간호사였던 어머니
가 야근을 하게 될 때면 병원의 보육실에 맡겨졌는데, 그 후에는
얼마간 집에만 틀어박혀 한 발짝도 밖으로 나오지 않으려는 증
상을 보였다고 한다. 일 때문에 집에 없을 때가 더 많았다는 어머
니에 대한 불안 때문이었을 것이다. 나츠미에게는 좀 더 어머니
의 사랑을 받고 싶다는 바람과, 어머니 같은 성격은 될 수 없을
것이라는 좌절이 한데 섞여 아우성치고 있었다. 그것이 섭식장애
라는 형태로 나타난 것이다.

나츠미가 섭식장애로 무기력증에 빠졌을 때에도, 부모님은 '나

츠미는 혼자서도 잘하는 아이니까 괜찮을 거야'라고 생각했다고
한다. 나츠미도 그 마음을 읽었을 것이다. 섭식장애라는 형태로
자신을 알리면서도 그녀는 '혼자서도 잘하는 아이'라는 부모님의
기대에 부응하기 위해 노력했다.

사춘기 시절에 겪는 가장 고된 마음고생은 자신의 주장을 외
치면서도 부모님의 기대에 맞추고자 하는 모순된 현실 상황에서
오는 갈등이다.

학교에 가지 않은 채 과식에 빠져 있을 때는 몸은 움직일 수 없고 기력
은 떨어지고 하는 것도 괴로웠지만, 그런 상태를 저 스스로 어쩔 수가
없다는 것이 가장 힘들었어요.
간신히 스스로를 통제하며 버텨왔지만 언젠가부터 그 통제가 듣지 않는
거예요. 이래서는 안 된다고 생각하면서도 저 자신을 통제할 수 없었어
요. '난 어떻게 되어버리는 걸까' 하는 불안이 마음속에 가득했죠.

하지만 스스로를 완전히 포기하지는 않았다. 학교에 가지 않
으면서 거의 3년간 편의점 아르바이트를 했다. 다른 사람과 만나
는 것을 두려워했던 그녀로서는 잘 버텨낸 셈이다.

그녀 자신은 '스스로 무언가 하고 있지 않으면 불안했다'고 말
하지만, 사실은 '무엇이라도 했으면 좋겠다'는 부모님의 생각과

바람 때문이었을 수도 있을 것이다.

아버지와의 관계

자상하신 아버지는 '계속 하다 보면 분명히 자신이 붙을 거야'라고 격려하며 편의점 출퇴근까지 도와주었다. 그래서 나츠미는 아버지께 종종 "아빠, 나 미워하지 마세요"라고 말했다고 한다.

외치고자 하는 마음의 병을 앓는 아이들은 문제행동을 일으킬 때 한 번에 폭발시키는 것이 일반적인 패턴이다. 하지만 나츠미의 경우는 폭발시키면서도 동시에 억제하는 모습을 보였다. 바로 그것이 회복되기까지 7년이라는 긴 세월이 걸린 이유일지도 모른다. 그녀가 섭식장애로 괴로워하던 때, 다섯 살 터울의 남동생 또한 행동이 거칠어졌다고 한다.

동생은 엄마를 닮아서 자기주장을 척척 내세우는 타입이에요. 조금도 다른 사람에게 맞춰주려고 하지 않았기에, 함께 있으면 곧 끌려 다니는 기분이 들곤 하죠. 게다가 제가 집에만 틀어박혀 있을 때에는 아빠와의 마찰로 더욱더 거칠어져 있었어요. 그러던 중 언젠가 동생이 저에게 "누나가 나쁜 거야"라고 말하더군요. 그 말을 듣자 '아, 그런 거구나' 하는 생각이 들었어요. '내가 이 모양이라 집을 엉망으로 만들었구나….'

자책하는 마음에서 해방되기까지

가장 중요한 문제는 여기에 있다.

'나 때문에 집이 엉망이 되어버렸다.' 이 생각이 나츠미를 막다른 골목으로 내몰게 된 것이다. 하지만 부모들의 모임이나 SEPY에 다니기 시작하며 같은 문제를 가진 동료들로부터 "왜 그렇게 부모님이 시키는 대로만 해?"라고 지적받고 깨닫게 된 후에 그녀의 삶에 전환점이 찾아왔다.

그때까지는 상황에 대해 계속 자책하고 있었기 때문에 '부모님이 시키는 대로'라는 말에 깜짝 놀랐어요. 어쩌면 이것은 내 탓이 아니라 부모님과의 관계에 문제가 있기 때문일지도 모른다는 생각이 처음으로 들었죠. 그러면서 여러 가지 변화가 생겼어요.

'부모님으로부터 나와 자취를 해볼까' 하고 생각하게 된 것도 그중 하나죠. 자취라고는 했지만, 집에서 멀지 않은 곳에 월세를 얻어 살았어요. 게다가 식사 때면 종종 집에 가서 가족들과 함께 밥을 먹곤 했죠.

자취방은 언제나 깨끗하게 정돈되어 있었지만, 집에 돌아와 제 방에 가보면 여기저기 어지럽혀 있고 지저분했어요. 이래서는 안 되겠다 싶어 정리하다 처음 알게 된 것은 제 옷이 엄청나게 많다는 거였어요. 옷들을 추려서 버리기 시작했죠. 문득 정신을 차리고 보니 버리려고 내다놓은 것은 대부분 엄마가 사다주신 것이더군요. 그리고 추려서 남겨놓은 것은 제가 어떻게든 갖고 싶어서 아르바이트하며 모은 돈으로 산 것들이었고요. '아, 그렇구나!' 하고 눈이 번쩍 뜨였어요.

'난 엄마한테 이 옷들을 계속 강요받아 왔던 것이구나'라는 생각이 들면서 뭔가 답이 보이는 것 같았어요.

강요받은 시간들을 상징하는 옷

방안 한가득 쌓여 있던 옷들은 어머니로부터 받아온 강요를 상징했다. 하지만 나츠미의 어머니가 직접적으로 강요하거나 억압했던 것은 아니다. 다만 어머니의 사랑을 좀 더 받고 싶어 하는 욕구와 자신의 성격과 대조되는 어머니를 싫어하면서도 또한 어머니를 만족시켜야 한다는 생각이 복잡하게 얽혀서 나츠미에게는 '강요'가 되어버린 것이다.

몇 번의 상담 중에 그녀와 어머니의 갈등이 드러난 적이 있다. 예를 들어 교육과 관련해서도 그랬다. 어머니 나오코는 자신이 고등교육을 받지 못한 것에 대한 열등감이 있었다. 그래서 딸은 자신의 몫까지 공부하길 원했다.

나츠미가 특별히 부모님으로부터 강요당한 것도 아닌데, 자동 진학할 수 있는 학교를 두고 더 좋은 고등학교를 선택한 것은 어머니의 바람을 이루어주고자 하는 생각이 있었기 때문일 것이다. '그렇게 하면 엄마의 사랑을 더 많이 받을 수 있다.' 그녀는 무의식중에 더 많은 사랑을 갈구했던 것이다.

아버지로 인한 좌절감

나츠미가 그동안 어머니가 사준 옷들을 전부 버린 것은 생활의 상징적인 사건이었다. 그것을 계기로 그녀는 스스로에 대해 눈을 떴다. 그리고 본격적으로 독립생활에 도전하고 해외에 다녀오는 등 많은 일을 시도했다.

나츠미는 열다섯 살 때부터 나와 상담을 하고 그간 이런저런 모임에도 참여했지만 스무 살을 넘길 무렵까지는 별다른 변화를 보이지 않았다. 어머니 나오코도 부모들의 모임에 나오기는 했지만, 의식의 변화는 없었던 것 같다.

아버지와의 관계는 어땠을까? 나츠미는 이렇게 말하였다.

엄마가 사주신 옷들을 버리고 난 무렵부터 아빠와도 말을 하지 않게 되었어요. 이전에는 아빠와 성격도 비슷했고 저를 잘 이해해주신다고 생각했어요. 하지만 돌이켜보니, 이런저런 상담을 했어도 결국 아빠로부터 돌아온 것은 '걱정'뿐이었어요. '나는 이 사람에게 늘 불안한 존재다'

라는 것을 알아차린 거죠.

운전면허를 땄을 때도 그랬어요. "너 혼자서는 불안하니까"라고 하면서, 제가 운전할 때에는 언제나 함께 차에 오르셨어요. 그것이 계속되어 아직도 혼자서 운전하는 것이 잘 안 돼요. 요즘 들어 '면허는 녹색면허인데, 왜!' 하고 슬슬 화가 치밀어 옵니다.

뭔가 새로 시작하고 싶다고 말씀드려도 일단 돌아오는 답변은 "정말 할 수 있어?", "계속 할 수 있어?" 하는 걱정과 불안 섞인 말이었어요. 그때부터 저는 더 이상 아빠와는 상담하지 않기로 했어요.

생각을 변화시킨 티벳 여행

나츠미가 스스로에 대해 눈 뜨게 된 또 하나의 계기는 티벳 여행이었다. 꾸미지 않은 자신과 마주하는 것은, 섭식장애 같은 마음의 병을 안은 사람뿐 아니라 일반 사람들에게도 매우 중요하다. 나는 여러 기회를 통해, 많은 사람들에게 솔직한 자신의 모습과 마주할 시간을 만들어볼 것을 제안한다.

그것은 하루 중 매우 짧은 시간이라도 혼자가 되어 조용하게 심호흡하는 것으로도 가능하다. 밤하늘에 총총히 뜬 별을 바라보며 산보를 해보는 것도 좋다. 가끔 바다나 강 같은 자연 속에서 차분한 시간을 보내는 방법도 있다.

그런 시간을 만들어 솔직한 자신의 모습과 대면하면 본연의 자신을 발견할 수 있다. 나츠미의 경우, 그것이 티벳 여행이었던 것이다. 평소와는 다른 시간과 공간 속에서 가족으로부터도 일상의 공간으로부터도 떨어져 나와 자신만의 소중하고 의미있는 무언가를 발견했던 것이다.

티벳 여행은 9일이라는 짧은 기간이었지만 신선한 충격이었어요. 우선 시간의 흐름이 달랐어요. 일본에서는 느껴본 적이 없는 새로움이었죠. 그곳이 저에게 맞았던 탓인지 너무나 즐거운 마음으로 지내고 있는 제 자신을 발견했어요. 함께 간 그룹에는 고등학교 교사들이 많아서 여행 내내 성숙한 사람들에게 둘러싸여 지낼 수 있었던 것도 큰 행운이었죠. 누군가에게 보이는 내가 아니라, 그냥 내 안에 내가 있다는 느낌이었어요. 나만의 시선으로 주변을 바라보는 기분이었죠.

자립을 재촉한 아일랜드 유학

그 후, 나츠미는 아일랜드로 유학을 갔다. 혼자서 3개월간 홈스테이를 하며 보넌 유학생활은 고난의 연속이었다며 "그때의 일이라면 다시 떠올리고 싶지도 않다"고 그녀는 말한다. 하지만 나는 그녀가 아일랜드에서 정말 값진 경험을 했다고 생각한다.

집 주인과의 문제 등 많은 일들이 있었던 것 같지만, 한 가지 분명한 것은 그녀가 그 어려움들을 혼자서 뛰어넘었다는 것이다. 그녀 역시 "이전의 저였다면 분명 중도에 포기하고 도망쳐버렸을 거예요"라고 말해 주었다.

많은 일들이 있었지만 매일 학교에 가지 않으면 안 되었고, 침울해 있을 여유 또한 없었어요. 유학에 대해 품고 있던 환상이 무너지긴 했지만 어떤 의미에서는 강해졌다고 할까요. 무슨 일이 생겨도 '어딜 가든지 똑같아. 다 이런 거야'라며 크게 동요하지 않았죠.

특히 이전에는 또래 사람들에 대한 두려움 때문에 친구 사귀는 것에 서툴렀지만, 그때부터는 '나 스스로가 바뀌지 않으면, 어디를 가도 무엇을 해도 똑같다'고 생각하게 되더군요.

유학을 마치고 돌아올 즈음에는 '일본에 돌아가면 일을 시작하자. 그리고 제대로 해내자' 하고 맘속 깊이 의지를 다졌습니다.

그 결의대로 나츠미는 일본에 돌아오자마자 의료사무 자격을 취득하기 위해 열심히 공부를 시작했고, 이듬해 가을에 멋지게 합격했다. 지금은 섭식장애에서도 회복되어 새로운 일을 목표로 건강하게 지내고 있다.

마지막으로 그녀는 자신의 비슷한 괴로움과 싸우는 사람이나 그 부모들에게 이런 말을 남겼다.

"시간이 얼마나 걸리든, 언젠가는 반드시 좋아질 것이라는 믿음을 가지세요. 그러면 언젠가 자신이 가고자 하는 곳에 도달할 테니까요. 부모님도 자녀를 믿고 끝까지 지켜봐주세요."

마음의 진료 기록

　　섭식장애는 남성의 경우 아버지와의 갈등이 원인인 경우가 많다. 그에 비해 여성의 경우는 '뚱뚱해지기 싫어', '예뻐지고 싶어'와 같은 아름다움에 대한 열망으로 시작되는 경우가 많다.

　　나츠미 역시 아름다움에 대한 의식이 발단이었다. 적어도 자신은 그렇게 생각했을 것이다. 하지만 그녀는 자신도 모르게 마음속 깊은 곳에 갈등을 감추고 있었다. 나츠미는 "살이 찌니까 얼굴이 엄마와 판박이네"라는 말에 지나치게 예민했다. "엄마처럼 되고 싶지 않아"라는 말 속에는 단순히 '뚱뚱해지고 싶지 않아'라는 것뿐만 아니라 어머니에 대한 부정도 있었다. 동시에 어렸을 적에 어머니와 떨어져 지낸 시간이 많았기 때문에 어머니의 애정에 대한 갈급함도 있었다. 어머니를 향한 갈망과 부정이 복잡하게 얽혀, 그에 대한 반작용으로 섭식장애라는 결과가 나타났던 것이다. 이런 경우에는 부모가 먼저 바뀌면서 아이도 본래의 자신을 회복해가는 경우가 많지만, 나츠미의 부모에게는 그런 문제의식이 한편으로는 많이 부족했다.

　그러다 보니 그녀에게는 두 가지 과정이 필요했다. 하나는 옷을 통해 드러났듯이 간접적이긴 하지만 부모님의 통제로부터 스스로 탈출하는 것이고, 또 하나는 본래의 자신을 찾아 스스로 변하는 것이다. 이를 스스로의 힘으로 실현하는 데에는 긴 시간이 필요하다.

　나츠미의 경우, 회복되기까지 7년이라는 세월이 걸렸지만 어떤 의미에서는 아직도 진행 중이라고 할 수 있다. 하지만 분명한 것은 본연의 자신을 발견하여 기쁨 속에서 살아갈 날이 얼마 남지 않았다는 사실이다.

8장

60명의 모습에서 완전한 한 사람으로 돌아오다

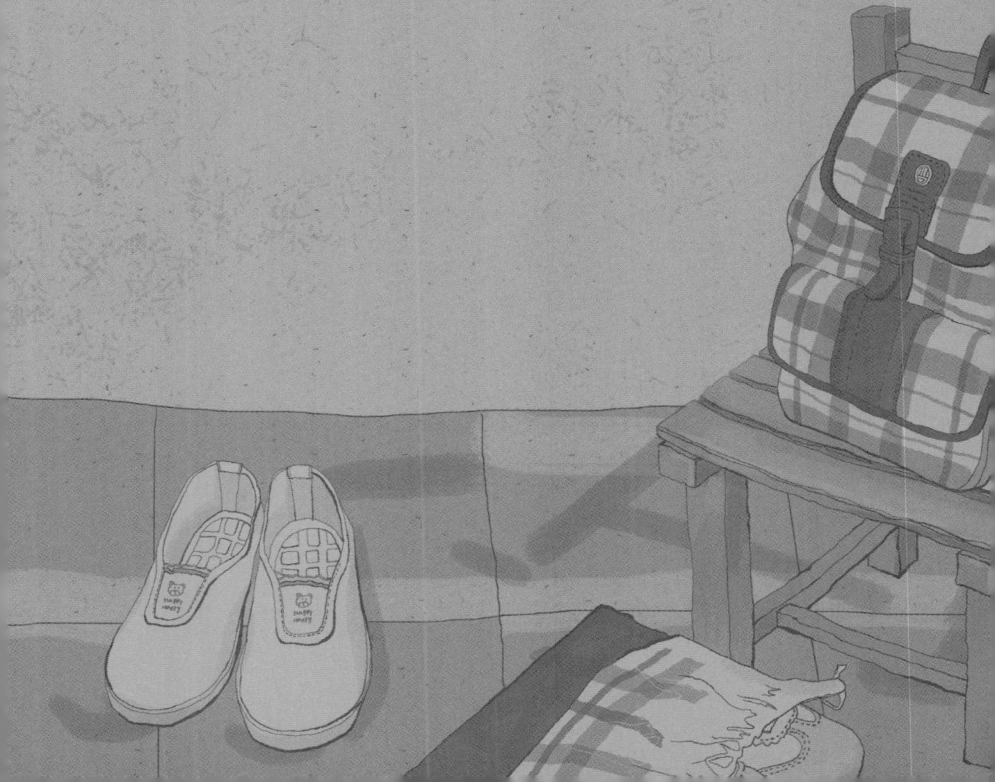

맞벌이를 하는 엄마는
나에게 관심을 보여주지 않는다.
'엄마, 부탁이야. 이쪽을 한 번 돌아봐 줘!'
외침이 만들어낸 다중인격

이름: 후카사와 아유미(여, 23세)
가족: 아버지(교사), 어머니(교사), 언니

'앞으로 일주일이면 병간호휴가도 끝난다. 덕분에 아이도 거의 안정을 되찾았고…. 드디어 다시 일을 할 수 있게 되는구나.' 미에는 그렇게 생각하면서 장을 보고 둘째 딸 아유미가 기다리는 집으로 서둘러 발걸음을 옮겼다. 돌아보면 너무나 힘들고 괴로웠던 4년이었다. 그동안 아유미가 정신병원에 입원한 적도 있었고, 베란다에서 뛰어내리려 한 일도 있었다.

교사이던 미에 어머니가 이런저런 일들로 장기휴가를 낸 것도 두 번째, 하지만 아유미는 이제 안정된 모습을 보이기 시작했다. 조금은 안도하는 마음으로 집에 들어섰다. 하지만 안으로 들어서

자마자 상황이 심상치 않음을 느꼈다.

거실 의자들은 여기저기 쓰러져서 엉망이었고, 깨진 관상목 화분과 잎들이 주변에 흩어져 있었다. 순간 '도둑이다!' 하는 생각이 머리를 스쳤다. 그 다음 머리에 떠오르는 것은 딸 아유미! "아유미!" 하고 소리쳐 부르며 부엌에 들어서자 거기에 아유미가 서 있었다. 눈동자는 엉뚱한 곳을 향해 있었고, 한 손에는 부엌칼을 들고 있었다.

순간, 무슨 일이 일어난 것인지 알 수 없었어요. 다행히 다친 곳은 없어 보였죠. 저는 급히 칼을 빼앗았습니다.

"자, 일단 앉자."

온 힘을 다해 스스로를 진정시키면서 말을 꺼냈어요. 하지만 딸은 갑자기 달려 나가 현관에서 뛰어내리려고 했어요. 저는 필사적으로 막았죠.

"지금 사가미하라에 돌아가야 하는데, 죄송하지만 돈 좀 빌릴 수 있을까요?"

딸의 말이었어요.

"무슨 엉뚱한 소리를 하는 거야!"

저는 소리쳤습니다. 하지만 딸의 얼굴은 진지했고, 절대 엉뚱한 말을 한 사람으로는 보이지 않았어요.

눈앞에서 벌어진 상황이 너무 혼란스러웠지만, 미에는 "우선 차라도 한 잔 마시며 진정하자"라고 말하면서 아유미를 거실로 데려왔다. 그러자 아유미가 이번에는 어린 아이 같은 입 모양으로 이야기하기 시작했다. 다섯 살짜리처럼 말했다가 여덟 살 난 아이처럼 말했다가 하면서 미에를 혼란스럽게 했다. 당시에는 알지 못했지만 다중인격 증상이었던 것이다. 당시 아유미는 스무 살이었는데, 갑자기 이번에는 결혼까지 해서 서른세 살이 된 자신의 이야기를 하기 시작했다.

말하는 모습은 싹싹하고 야무져 보였어요. 얼굴 표정까지도 좀 전과는 달라져 있었고요.

결혼해서 아이가 있고, 남편은 사진관을 운영하며, 가마쿠라에 살고 있다는 등의 이야기를 했어요. 친절하게 살고 있는 아파트의 동, 호수까지 말하더군요.

"결혼 전이나 결혼할 당시에는 눈코 뜰 새 없이 바빴어. 그래도 스무 살 때 힘들었던 일들이 지금은 꿈같아. 이제 약도 끊었고, 하루하루가 너무 행복해."

저는 놀라서 아유미를 데리고 자주 가던 정신과에 갔습니다. 사십 대의 유능한 의사선생님이셨지만 "저도 이런 사례는 처음입니다"라고만 하시더군요. 다른 의사를 소개받으려 했지만, "일본에는 아직 전문의가 없

습니다. 미국에는 전문병원이 있습니다다만…” 하는 막막한 답변만 돌아
왔습니다.

미에가 얼마나 놀랐을지 상상이 되고도 남는다.

이른바 다중인격, 해리성정체장애라고도 불리는 이 병은, 대니
얼 키스의 『빌리 밀리건: 스물네 개의 인격을 가진 사나이』 (황
금부엉이) 같은 소설로 인해 화제가 되기 전까지는 일반인들에게
거의 알려지지 않았다. 미국에서는 1950년대부터 병례가 보고되
어 전문의도 있는 상황이었지만, 일본 병원 중에는 이런 증상을
다루는 곳이 손으로 꼽아야 할 정도로 적고 그나마도 최근 몇 년
사이에 생겼다.

중3 때에 아픔을 호소하다

둘째 딸 아유미가 이상해지기 시작한 것은 중학교 3학년 여름
방학 전이었다. 이때부터 “머리가 아파”, “나른해”, “잠이 안 와”,
“귀가 울려” 등의 증상을 호소하며 학교를 종종 빼먹곤 했다. 병
원에서 진단을 해봐도 검사 결과는 늘 ‘이상 없음’이었다.

마지막으로 찾아간 정신과에서 우울증으로 의심된다는 진단
을 받았다. 약이 처방되기는 했지만 상태는 점점 나빠지기만 했

다. 같은 해 가을 무렵이 되자 거의 학교를 나가지 않았고, 이상한 행동들도 더욱 두드러졌다.

미에가 생각해보면 그때가 가장 힘든 시기였다고 한다. '어째서 우리 애가?' 오직 이 생각만 머릿속을 맴돌았다. 그렇게 생각하는 것은 무리도 아니다. 아유미는 어릴 적부터 부모 속 한 번 썩인 적 없는 아이였다. 공부도 잘 했을 뿐더러 초등학교 고학년 때에는 아침에 식사준비를 해놓고 "엄마, 밥 다 됐어요" 하며 미에를 깨운 적도 있었다.

갑자기 주변에 있는 물건을 집어 던지거나 찢곤 했어요. 감기약을 한 번에 집어 삼키고는 의사선생님께 달려들거나, 베란다에서 뛰어내리려 하기도 했죠. 더 난감한 것은 집을 뛰쳐나가 어디론가 달아나버리는 거예요. 그때마다 저는 필사적으로 뒤를 쫓았죠.

한번은 역까지 따라갔는데 홈에서 선로로 뛰어내린 거예요. 딸을 쫓아 저도 선로로 뛰어내려 기관사가 경적을 울리며 한바탕 소동이 났죠.

결국 입원하기로 했는데 딸은 신기하게도 신이 나서 입원 준비를 하더군요. 하지만 입원한 첫날에 병원에서 도망쳤기 때문에 이후로는 저도 함께 입원해 있었어요.

집에 혼자 남겨진 아이의 발병

　미에 부부는 고등학교 교사였다. 아이가 생기고 나서도 쉬어본 기억은 거의 없었다. 아유미와 두 살 터울의 언니는 어렸을 때부터 무허가 보육원에 맡겨졌다, 열이 많이 나도 아이를 맡기고 학교에 나가야 하는 상황이었다. 초등학교에 들어가고 나서도 상황은 달라지지 않았고, 미에는 딸아이의 수업참관일이나 학부모회의에 단 한 번도 참석하지 않았다.

가령 제가 몸에 열이 끓고 있어도 엄마는 일을 나가셨어요. 아플 때는 엄마가 자상해지기 때문에 "배가 아파"라는 핑계로 학교를 쉰 적이 두세 번 있었죠. 그래도 물론 엄마는 일을 나가버리셨지만….

열이 날 때면 엄마는 근무하는 학교가 멀었기 때문에 먼저 집을 나섰고, 아빠가 열을 재고 연락장에 메모를 적어주셨어요. 한번은 열이 심하게 나서 제가 졸업한 보육원의 선생님이 봐주러 오신 적도 있었어요. 엄마가 부탁하셨을 테죠.

하지만 몸이 아플 때 부모님이 곁에 안 계시다고 특별히 속상하거나 하지는 않았어요. 어쩌면 그렇게 생각하지 않도록 '노력'하고 있었던 것일지도 모르죠.

어머니 미에는 자신이 열심히 일하는 만큼 아이들도 이해해주고 견실하게 잘 자라줄 것이라고 생각했다. 어떤 의미에서는 아이들이 아무 탈 없이 자라고 있는 데 대해 자신이 있었던 것이다. 당시 아유미는 자신의 생활에 대해 어떻게 생각했을까?

집에서는 언제나 혼자였어요. 언니가 초등학교를 다닐 때까지는 괜찮았지만 중학교에 들어가고부터는 특별활동 등으로 바빠져서 저 혼자 문을 열고 들어와야 하는 날들이 많아졌죠. 외롭다고 느낀 적도 있었지만 그것을 부모님께 말해선 안 된다고 생각했어요.

학교에서 따돌림을 당하거나, 선생님이 싫은 적도 있었어요. 하지만 부모님께 말씀드려서는 안 된다는 생각에 한 번도 말을 꺼내지 않았어요. 그러니 부모님은 아무 문제도 없다고 생각하셨겠죠. 지금 돌이켜보면, '좀 더 자신을 드러냈더라면 좋았을 걸' 하는 생각이 들어요. 특히 부모님께는 "이렇게 하고 싶어요"라든지 "난 이렇게 생각해요"라는 것을 분명히 밝혔더라면 좋았을 것 같아요. 하지만 당시에는 늘 고생하시는 부모님께 심려를 끼쳐서는 안 된다는 생각뿐이었어요.

그것보다 저를 힘들게 했던 것은 언니와 싸울 수 없다는 것이었어요. 언젠가 언니와 싸움이 났는데, 엄마에게 무섭게 혼이 나고 비가 오는데도 바깥으로 쫓겨났어요. 그때부터 저희는 절대 싸울 수 없게 되어버렸죠. 싸워도 금방 화해할 수 있으니까 내버려두셨으면 좋았을 텐데 말이에요.

가끔은 탈선을 꿈꾸다!

아유미가 학교에 나가지 않던 중학생 시절, 미에는 학교에서 교사로서 등교거부를 비롯한 이런저런 문제로 씨름하고 있었다. 문제를 일으킨 학생의 일로 가정재판소에 가기도 했고, 때로는 소년원에 들어간 학생을 면회하기도 했다.

학교에 나오지 않는 아이들을 되돌리기 위해 열심히 매달려보기도 했고, 그와 관련된 책들도 많이 읽었어요. 그래서 학교에 나오지 않는 아이들은 주말이 되면 활기를 되찾는다는 사실도 알고 있었죠. 하지만 아유미는 주말이 되어도 달라지지 않았어요. 그래서 '이것은 일반적인 등교거부와는 다르지 않을까' 하고 생각하고는 있었어요. 또 한편으로는 '이것은 마음의 병이니까 병만 치료하면 원래의 아유미로 돌아올거야' 하는 생각도 있었죠.

엄마인 저의 문제가 아유미의 맘속에 깊이 깔려 있을 것이라고는 생각조차 못했어요. 등교거부에 대한 전문적 지식은 있었지만, 자신의 아이에 대해서는 남들과 다를 바 없는 한 아이의 엄마에 불과했던 거죠.

미에가 열심히 일에만 매달리고 있을 동안, 아유미는 그 상황을 어떻게 받아들이고 있었을까? 아주 어렸을 때부터 어머니는 열심히 일하는 존재였기 때문에 표면적으로는 그 상황을 인정했다. 하지만 마음 깊은 곳에서는 다른 생각이 자리 잡고 있었다.

어머니와 딸의 생각은 시종일관 어긋나 있었다. 미에는 학교 일로 비행청소년 문제에 매달려 있으면서도 아유미가 같은 비행을 저지르고 있다는 것을 짐작조차 못했다. 그때 아유미에게는 섭식장애가 서서히 나타나기 시작했고 자해를 하는 일도 있었다. "스스로에게 상처를 입히거나 공복상태로 있는 것이 마음 편했어요. '마음이 아픈 게 아니라, 몸이 아픈 거다. 배가 고파서 괴로운 거다' 이렇게 믿고, 마음의 고통으로부터 도망치고 싶었어요." 아유미는 당시의 기분을 이렇게 들려주었다.

정확히 그 무렵, 미에가 학교의 문제아 이야기를 하자 아유미가 스치듯 던진 말이 있다고 한다.

"엄마는 늘 나보다 학교 애들을 더 아끼고 챙겨."

가장 힘들었던 중학교 시절, 제 주위에도 엄마의 학교에도 비행청소년이 있다는 이야기를 들었어요. '나도 그렇게 빗나가볼까…' 하고 생각한 적도 있었죠. '경찰에 잡히거나 보호소에 들어가거나 하면, 그때는 엄마가 나에게 눈을 돌려주겠지…' 하고 말이죠.

하지만 실제로는 비행은커녕, 언제나 엄마의 눈치를 살피며 살았어요. 그러다보니 '이대로 있다가는 부모님이 날 죽이려 들 거야!' 하는 생각이

들기도 하더군요. 물론 직접적으로 폭력을 휘두르신 일은 없었지만, 성적이 떨어지거나 하는 작은 일로도 그런 생각에 사로잡히곤 했어요.

병원이 최후의 도피처일 수밖에 없었다

중학교 3학년 겨울, 아유미는 정신병원에 입원했다.

'아이를 철창 안에 가두는 병원 따위에는 절대 보내고 싶지 않아!' 이것이 미에의 생각이었지만, 아유미 자신이 입원을 원했고 담당 의사도 권했다. 다니던 병원 바로 옆에 입원시설이 있었고, 철창 같은 것도 물론 없었으며, 자신의 의지로 출입이 자유롭게 허용된다는 것에 미에는 어렵게 입원을 결정했다.

미에는 그런 생각이었지만, 아유미는 오히려 해방감을 느꼈던 것 같았다. '엄마, 내 옆에 있어줘' 하는 바람 이면에는, 어머니의 간섭으로부터 조금이라도 벗어나고 싶다는 바람이 있었기 때문이다. 그런 의미에서 입원은 절호의 찬스였다. 어머니와 딸 모두 마음을 진정시키는 좋은 기회였기 때문이다. 하지만 실제로는 그런 바람대로 되어주지 않았다. 입원한 바로 그날 아유미는 병원에서 도망치고 말았다.

입원했을 때는 '이제 내가 조금은 눈을 떼도 괜찮겠지' 하는 생각에 솔직히 안심하고 있었어요. 첫날은 6인실에 들어갔는데 그것이 싫었는지도 모르겠어요. 잠깐 사이에 아이가 없어지고 말았죠.

여기저기 찾아다닌 끝에 겨우 자신의 이야기를 잘 들어주는 선생님 댁에 간 것을 알았죠. 그 일 이후 개인 병실로 옮겼어요. 병원에서 저도 함께 입원하는 것이 좋겠다고 해서, 그 비좁은 공간에서 한 달 동안 함께 지냈어요. 그동안에도 세 번 정도 아이는 제가 가볍게 내뱉은 말에 민감하게 반응하며 병원을 뛰쳐나갔죠.

그렇게 되자 자연히 학교 일은 돌볼 수 없었다. 미에로서는 딸아이를 위해 최선을 다해 매달려볼 작정이었다. 하지만 아유미에게는 그것 역시 부담이었다.

저는 병원만이 최후의 탈출구라고 생각했어요. 그런데 어째서 거기서도 달아나려고 했는지는 잘 생각나지 않아요. 기억나는 것은 한시도 제게서 눈을 떼지 않는 엄마와 함께 있는 것이 괴로웠다는 거예요.

엄마는 함께 있기 위해 병간호휴가를 받은 것이지만, 제 입장에서는 오히려 마음만 불편할 뿐이었어요. '여기도 내가 있을 곳은 아닌가?' 하는 생각이 들더군요.

"엄마, 부탁이야" 일을 그만뒀으면 좋겠어

결국 두 달 후, 이렇다 할 성과도 없이 아유미는 퇴원했다. 입원 중에 논술과 면접만으로 시험을 대신하여 고등학교에 입학했다. 미에도 아유미도 '환경이 바뀌면 나아지겠지' 하는 기대가 있었다. 하지만 그 고등학교도 한 달을 넘기지 못하고 '전철을 탈 수 없다'는 이유로 그만두었다.

그래서 이번에는 중퇴자나 등교거부 학생들을 대상으로 한 대안학교를 찾아보기로 했다. 이듬해 봄부터 희망하는 대안학교에 들어갔고, 다시 한 번 1학년부터 새롭게 시작했다. 어머니와 아유미가 나를 찾아온 것은 그 무렵의 일이다.

그 후로, 대안학교 근처에서 혼자 살고 싶다는 바람대로 아유미는 한적한 학생회관에서 지내게 되었다. 거기에는 나의 조언도 작용했다. "무엇이든 아이가 원하는 대로 해줍시다. 방을 얻어주고, 설령 세 시간 만에 돌아오더라도 아무 말 하지 말고 그대로 받아주세요."

그렇게 시작한 자취생활은 오만방자함의 연속이었다. 밤 8~9시에 "먹을 것이 없어" 하고 전화가 걸려오면 미에는 요리를 해가지고 갔다. 어떤 때는 아침에 "집에 돌아가고 싶어"라며 투정을 부려서 데려다 놓으면 저녁 무렵 다시 "학생회관에 돌아가고

싶어"라고 조르기도 했다. 편도로 한 시간이나 걸리는 길을 하루
에 두세 번씩 오가는 일이 허다했다.

그리고 그 다음 해에는 다른 곳으로 옮기고 싶다고 해서 집 근
처로 이사했다가, 다시 원래 있던 곳으로 가고 싶다고 해서 돌아
가기까지 했다. 나는 그런 번거로움까지도 좋은 마음으로 받아
줄 것을 권했지만, 당시 미에는 학교 일과 아유미 일에 이리저리
휘둘려 도저히 그런 마음이 될 수 없었다고 했다.

2년간의 자취생활이 끝나고 짐들을 전부 집으로 옮겨 왔을 때, 아유미
가 "1년간 자취하게 해줘서 고마워요" 하고 말하더군요. '내가 보기엔
자취생활이라고 할 수도 없었지만, 자신은 제대로 자취생활을 한 기분
이었구나…' 하고 생각했던 기억이 아직도 선명합니다.
집에 돌아와서 얼마 지나지 않은 어느 날 아침, 자고 있던 제 머리맡으
로 아유미가 다가와 이렇게 말하더군요.
"엄마, 부탁이니까 일을 그만둬. 잠시라도 같이 있으면 좋겠어."
그 말이 가슴 깊이 울려 펴졌습니다. 이미 일을 그만두어야겠다고 각오
하고 있었지만, 바로 "좋아" 하고 대답하기에는 아직 확신이 서지 않았
어요.

결국 그날, 어머니는 학교에 사직서를 제출했다. 하지만 학교

입장에서는 너무나 갑작스러웠던 탓에 우선 3개월의 간호휴가를 받는 것으로 일단락 지었다. '3개월 정도 지나면 아유미도 안정을 찾을 수 있을지도 몰라' 하는 기대도 있었다. 그렇게만 되면 일을 그만두지 않아도 된다는 바람이었을 것이다.

하지만 처음에 이야기했던 다중인격 증상이 나오기 시작한 것은 그 직후부터의 일이다.

차례대로 출현한 60명의 다른 인격

마치 무언가에 씌어 다니는 듯이, 아유미에게 차례로 다른 인격들이 나타났다. 손가락을 빨고 오줌을 저리는 다섯 살 난 여자아이는 자신이 사야카라고 했다. 같은 사야카가 열한 살이 되어 나타난 적도 있었다. 사야카는 부모님께 버림받았다면서 그대로 아유미의 몸속에서 지내고 싶다고 간청했다. 그 외에도 스무세 살의 마이코, 전문학교에 다닌다는 열아홉 살의 에리, 남자아이도 몇 명인가 나타났다. 처음에 잠깐 언급한 서른세 살이 된 아유미와 초등학생의 아유미 등 아유미만 해도 8명이나 되는 다른 인격으로 등장했다.

사야카라는 아이가 나타났을 때는, 평상시의 아유미로는 절대 보이지 않는 식욕으로 뭐든지 게걸스럽게 먹어치워서 어안이 벙벙했어요. 더욱 이상한 것은 사야카라는 아이는 왼손잡이라며 왼손으로 젓가락질을 능숙하게 하더군요. 물론 아유미는 오른손잡이라서 식사는 물론이고 왼손으로는 아무것도 못했어요.

그 외 남자 아이 몇 명도 나타났어요. 타이치라는 사내아이는 너무 난폭해서 어떤 때는 부엌칼을 집어 들고 "죽일 거야" 하고 저를 위협했어요. 칼을 빼앗으면 이번에는 목을 졸랐어요. 놀라울 정도로 힘이 세더군요.

"왜 나를 죽이려고 해?"

"아유미가 부탁했으니까."

"아유미는 왜 나를 죽이고 싶다고 했어?"

"눈앞에서 알짱거리는 게 역겨운 거야."

이런 말다툼 끝에 "그래, 아유미가 그렇게 말했다면 어쩔 수 없네"라고 말하자 타이치는 "쳇, 재미없어" 하며 내뱉고는 그대로 사라지더군요.

아유미의 다중인격 증상은 두 달여간 계속되었다. 그 후로 어느 정도 가라앉긴 했지만 뭔가 심하게 스트레스를 받으면 가끔 같은 일들이 반복되곤 했다. 미에의 말에 따르면, 등장했던 인격은 대략 60명이 넘을 정도였다고 한다. 미에는 그렇게 나타나는 인격 한 명, 한 명과 대화를 나눴다. 그러면서 사야카라는 여자아이는 미에의 손녀, 즉 아유미의 딸이라는 사실도 알았다. 열한 살의 사야카가 나타나 초경을 맞아 당황하자 미에는 실제로 초경을 겪은 아이를 대하듯 처리하는 방법을 가르쳐주기도 했다.

그러던 어느 날, 언제나처럼 나타난 사야카와 이야기를 나누고 있는데 갑자기 남편이 다가와 "언제까지 이러고 있을 거야! 엄마란 사람이 일일이 상대해주니까 줄줄이 온갖 녀석들이 나오는 거 아니야!" 하며 화를 냈어요. 그리고 아유미를 향해 단호하게 말하더군요.

"아유미, 나와! 엄마의 기분을 알겠지? 계속 이러면 엄마는 병이 나고 말 거야."

그러자 잠시 눈을 감고 있던 아유미는 자기 목소리로 "이제 더 이상 나오지 않을 거래. 모두에게 말해놨으니까 괜찮아" 하고 대답하더군요.

그 다음 날 아침이었어요. 식사를 하고 있는데 갑자기 사야카가 나타났어요. 그리고 이렇게 말하더군요. "더 이상 나오지 않을 거야. 아유미는 어린 시절의 아픈 기억들을 말하고 싶었고, 그 때문에 외로웠다고 알리고 싶었던 거야. 하지만 사야카는 더 이상 나오지 않을 거야."

그런 사야카에게 저는 말했습니다.

"사야카와 다시 만날 수 있어. 아유미가 결혼해서 태어난 아이잖아. 그때까지 잠시 동안만 이별하는 거야."

"안녕."

사야카는 그렇게 말하고 눈물을 흘리며 사라졌어요. 저도 함께 울면서

"안녕"이라는 말을 몇 번이고 반복했습니다.

이 이야기를 듣자 나는 순간 머리가 뜨거워졌다. 아빠에게 혼나서 다른 인격체인 사야카에게까지 "더 이상 나오지 않을 거야"라는 말을 하게 한 아유미가 너무나 가여웠기 때문이다.

분명 미에도 같은 마음이었을 것이다. 그 후 돌아온 10월에 그토록 마음을 쏟았던 학교를 퇴직했으니까….

해외여행에서 얻은 뜻밖의 변화

교사를 그만둔 미에는 지금까지의 시간들을 되돌릴 수 있도록 아유미에게 꼭 붙어 있었다. 아유미 역시 그것을 원했다. 이불 속에서도 앉아 있을 때도 아유미는 어머니와 꼭 붙어 한시도 떨어지려 하지 않았다. 스무 살을 넘긴 어엿한 숙녀였지만, 하루에도 몇 번이고 안아달라고 조르곤 했다.

앉아 있으면 바로 제 무릎에 다가오는 커다란 몸의 아유미를 몇 번이고 안아주었어요. 그렇게 안고 있으면 애처로운 생각이 들더군요. 어렸을 적에는 안아달라고 해도 언제나 "나중에", "조금만 기다려" 하는 말만 되풀이 했고, 아이가 만족할 만큼 안아준 기억이 없거든요.

아유미는 그 욕구를 채우기 위해 필사적으로 노력했던 것이다. 그래서 어머니가 가끔 외출을 할 때면 집에서 나와 역에도 도착하기 전에 전화를 걸어 "엄마, 갑자기 몸이 아파. 지금 좀 와줘" 하고 황급한 소리로 말하곤 했던 것이다.

그런 아유미에게 전환점이 찾아온 것은 대안학교 3학년 때다. 어느 날 갑자기 아유미가 "오스트리아에 가고 싶어" 하고 이야기를 꺼냈다.

처음에는 진심이라고 생각하지 않았어요. 그러다 말 줄 알았는데, 팸플릿을 들고 오기도 하고, 이것저것 알아보기도 하더군요. 당황스런 마음에 가나모리 선생님께 상담하니 "아니, 좋은 일 아닙니까" 하셨어요. "하지만 계약금까지 준 다음에 갑자기 안 간다고 할 것 같아서…" 하고 저는 주저했죠. 그러자 선생님은 "공항까지 갔다가 다시 돌아오는 일이 있어도 그것만으로도 좋지 않습니까? 그런 생각이 든 것 자체가 엄청난 발전입니다" 하고 적극 추천해 주셨죠.

당초의 예상을 뒤엎고 아유미는 정말 혼자서 오스트리아로 여행을 떠났어요. 적은 인원의 그룹 투어였지만 저에게는 마치 기적 같았어요. 물론 아유미 몰래 가이드에게 챙겨먹는 약이나 그 외의 행동들에 대해 지켜봐달라고 부탁해 두었죠. 혹시 여행 중에 무슨 일이라도 생기면, 제가 현지까지 날아갈 작정이었어요. 하지만 놀랍게도 아유미는 9일간의 여행을 무사히 마치고 선물까지 챙겨서 돌아왔어요. 전철조차 혼자 못 타던 아이가 13시간 동안 비행기를 타고 건강하게 돌아온 거예요. 놀라움과 기쁨으로 가슴이 벅찼어요.

그 다음해 아유미는 어머니와 함께 한국에 다녀왔다. 가끔 함께 보던 TV 드라마가 계기가 되었는데, 이 여행도 미에에게는 놀라움의 연속이었다.

여행 중 아유미는 마치 딴 사람 같았어요. 얼굴 표정과 걸음걸이까지 바뀌어 생기가 넘쳤죠. 이곳저곳 쇼핑 다니고, 식사를 하고, 밤 9시까지 쉬지 않고 돌아다녔어요. 아유미는 누구에게든 적극적으로 얘기했고, 열심히 메모해가며 외웠던 한국어로 값을 깎기도 했어요. 저는 흉내도 낼 수 없는데 말이죠. '이 아이가 이렇게 활기차게 살아 있었구나!' 하는 생각에 가슴이 울리더군요. 딸과 함께 처음으로 정말 기쁘고 놀라웠던 3박 4일의 여행이었어요.

이것은 큰 수확이었다. 그리고 같은 해 여름, 이번에는 한국으로 한 달간 단기 유학을 떠난 아유미는 그 다음에도 두 차례 더 한국을 방문하면서 현지의 좋은 친구도 사귀었다.

다시 태어난 것 같은 변화의 비밀은 무엇일까? 그 당시의 일들을 아유미에게 들어보았다.

저 스스로도 의외였어요. 이전의 오스트리아 여행에서는 기분이 나빠지거나 외로워지거나 하는 일도 있었지만, 이번에는 나흘 간 계속 웃는 얼굴로 지낼 수 있었거든요.
한국에는 아는 사람이 없기 때문에, 스스로 자신을 드러내지 않으면 아무도 알아주지 않는다고 생각했어요. 제스처도 크게 하고 말도 많이 했죠. 그렇게 하니 기분도 한결 가볍고 밝아지더군요.

치유음악에 몰두한 아유미

지금 아유미는 혼자서 작사, 작곡한 CD를 네 장이나 완성하였다. 실은 오스트리아에 간 것도 유럽 음악의 진수를 피부로 느껴보고자 하는 생각에서였다. 그것을 기회로 어릴 때 포기했던 피아노도 레슨을 다시 시작하며, 그 소양을 바탕으로 곡을 만들기 시작한 것이다.

곡을 처음 만들어본 것은 초등학교 6학년 때였어요. 기르던 미미라는 개가 죽은 후 '미미의 자장가'라는 곡을 만들었죠. 그 후 아빠가 근무하시던 학교의 졸업식에 내보낼 곡을 찾으시기에, 제가 지은 곡을 들려드리기도 했어요. 그때 너무나 기뻤죠. 그만두었던 피아노 레슨을 다시 받게 된 김에, 용기를 내어 작곡도 해볼까 하고 시작한 것이 벌써 넉 장째가 되어버렸네요. 물론 모두 수작업이고 CD로 구워내는 것도 고작 사십장 정도지만요. 완성된 CD는 가까운 카페에 두고 관심 있는 손님들이 가져갈 수 있도록 부탁해 두거나 직접 팔기도 하죠. 앞으로도 계속 곡을 만들고 싶어요. '나의 곡을 들으면서 긴장을 풀고 푹 잠들거나 마음의 여유를 찾는 누군가가 있다면…' 하는 바람이에요.

'미미의 자장가'를 시작으로 아유미가 작곡한 음악은 무엇보다 자기 자신을 치유하기 위한 음악이다. 그녀는 곡을 만들면서 마음의 상처를 서서히 그리고 차분하게 치유하는 것이다. 따라서 그 음악은 분명 다른 사람의 아픈 마음도 치유해 줄 것이라고 나는 믿는다. 마음의 아픔이 무엇인지 아는 아유미는 쉽고 올바른 치유의 길도 알고 있을 것이다. 앞으로도 곡 작업이나 여행 등 좋아하는 일들을 통해 자신의 몸과 마음은 물론 다른 사람의 상처 회복도 도와줄 것이라 기대한다.

마음의 진료 기록

　다중인격(해리성정체장애)의 병리는 아직 완전히 해명되지 않았다. 하지만 주요 원인이 어린 시절의 트라우마에 있다는 것은 거의 밝혀진 상태다. 상처받기 쉬운 아이가 잔혹한 고통에 견딜 수 없을 때, 자기 안에서 다른 인격을 만들어내어 괴로움이나 고통을 분산시키려는 것이다. 또한 다른 인격에 기대어 스스로 위로받기도 한다. 결국 마음의 방어 메커니즘이라고 할 수 있다.

　후카자와 아유미의 경우, 기본적으로는 어린 시절의 트라우마와 어머니의 사랑에 대한 상실감이 이런 결과를 낳았다고 할 수 있다. 아마 어머니 미에로서는 '똑같이 키운 첫째는 특별한 이상이 없었는데, 왜 이 아이만 그럴까' 하는 의문을 떨치기 어려울 것이다.

　미에뿐만 아니라 마음의 병을 앓는 아이의 부모님들은 종종 같은 질문을 하곤 한다. 감기 바이러스가 돌아도 발병하는 아이가 있고 안 하는 아이가 있는 것처럼, 마음의 병도 아이에 따라 다른 결과를 가져온다.

"다른 사람들로부터 무슨 말을 듣거나 하는 사소한 일이, 어떤 때는 트럭에 부딪힌 것 같은 큰 충격이 되요."

아유미가 이런 말을 한 적이 있다.

같은 이야기를 들어도 그다지 신경 쓰지 않는 사람이 있는가 하면, 말할 수 없을 만큼 충격과 상처를 받는 사람도 있다. 언니에게는 아무 문제가 되지 않았어도 여리고 약한 아유미에게는 견뎌내기 힘든 상황이 있었을 것이다. 지금 아유미는 어머니와의 대화를 회복하면서 한 발 한 발 건강을 되찾고 있다.

다중인격은 마음속 저 밑바닥에 신뢰감을 상실해버린 경우가 많다. 전문 상담 등을 통한 심리치료도 우선 그 신뢰관계를 회복하는 것에 집중해야 한다. 이는 의사나 상담가와의 관계만이 아니다. 부모를 시작으로 가족, 그리고 아유미가 스스로 대화의 장을 넓혀가면서 만나는 사람들과의 신뢰관계가 그녀를 더욱 밝고 건강하게 만들어줄 것이다.

9장

엄마의 변화가
내 삶을 새롭게
바꾸었다

약과 술에 빠져가는 우등생,
마음의 갈등에 감춰 있던 부모의 비밀
그리고 우여곡절 끝에 당도한
마음의 쉼터는 …

이름: 쿠리타 사치히코(남, 21세)
가족: 아버지(회사원), 어머니(주부), 남동생

무슨 일이 일어났는지, 내 자신이 누구였는지도 생각해낼 용기가 없어.

또 그곳에 끌려들어간다. 빠져나올 수 없다.

마음에는 덩굴이 휘감겨 가시가 찌른다.

발버둥 칠수록 칭칭 감기어 깊은 상처를 입힌다.

소리쳐도 괜찮다면 소리 지르고 싶다.

분명 아무도 들을 수 없겠지만.

캄캄해서 아무것도 볼 수 없다. 하지만 불을 밝히는 것은 무섭다.

어디로 걸어가야 좋을까, 어디까지 걸어가야 좋을까.

이제 그만 용서받고 싶다. 하지만 용서받는 것도 두렵다.

언제까지 싸워야 하는 걸까. 누가 이기고 누가 지는 걸까.

마음의 수분이 몸에서 스르르 빠져나가 버린다.

길을 헤매며 무관심에 익숙해지자.

분명 마음을 지켜주는 수분도 전부 빠져나가 버리겠지.

무지를 가장하고 웃음을 만들어내자.

웃고 있으면 모두들 관심 갖지 않겠지. 마음 따위는 신경 쓰지 말고 그냥 내버려두면, 울다 지쳐 말라서 없어지겠지.

마치 아무것도 모르는 듯한 웃는 얼굴로 마음을 묻어버리자.

사치히코가 열여덟 살 때 노트에 적었던 글이다. 마음 속 깊은 곳으로부터의 절규가 절절하게 다가온다. 그 무렵, 그는 부모님 몰래 정신과에 다니며 항우울제와 수면제를 처방받고 있었다. 게다가 약을 먹으면서도 계속 술을 마셨고, 어떤 때에는 30~40정의 수면제와 함께 술을 마셔서 혼수상태에 빠진 적도 있었다. 어머니 카요코는 '매일 아침마다 방문을 열면 아이가 죽어있을 것만 같아' 하는 불안이 가시질 않았다.

그때 카요코의 마음을 가득 메우고 있던 것은 '어째서 우리 아이가!' 하는 당혹감과 '왜 내가 이런 불행을 당해야만 하는지…' 하는 절망감뿐이었다.

점점 늘어가는 약의 복용량, 퍼붓듯이 들이마시는 술, 몇 차례의 혼수상태 등을 보면서 아들의 생명이 다한 것만 같은 기분이 들었습니다. 아들은 몸도 마음도 망가뜨리려는 것 같았어요.

고통에 몸서리치는 아이를 지켜보면서 어떻게 해야 좋을지 몰라 저 자신도 미쳐버릴 것 같았죠. 당연히 학교에는 나갈 수 없었어요. 친하게 지내던 친구들도, 평소 아이를 아끼던 선생님도 사치히코의 갑작스런 변화를 이해할 수 없다는 듯 혼란해했어요.

저도 마찬가지였죠. '아니, 그렇게 부모님을 배려하던 착하고 상냥한 아이가….'

성적도 우수한 편이었고 유명 사립대학의 부속고에 다니고 있었으니, 그대로만 생활해주면 별반 어려움 없이 무난하게 대학까지 갈 수 있었을 텐데…. 엄마의 평가라는 것이 있다면, 만점을 줄 수도 있다고 생각했는데…. '도대체 왜, 어째서 우리 아들이 이렇게 된 거야!' 오직 이 생각뿐이었습니다.

열여덟 살의 생일에 일어난 이상 변화

사치히코의 이상이 드러난 것은 고등학교 2학년 때다. 열여덟 번째 생일 다음날 급성 위염에 걸린 것이 발단이 되었다. 가끔 어머니 카요코가 일 때문에 2주 정도씩 집을 비울 때가 있었는데,

그때는 사치히코와 아버지, 동생 이렇게 셋만 남곤 했다.

　어머니가 집을 비운 그 무렵 사치히코는 생일을 맞았다. 무슨 이유에서인지 몸 상태가 안 좋아져 급성위염이라는 진단을 받았을 때는, '어머니가 안 계신 사이 무언가 힘들었나 보다' 하고 대수롭지 않게 생각했다. 사실은 그렇게 생각하고 싶었는지도 모른다. 왜냐하면 속마음은 급성위염이라는 진단 자체를 거부했기 때문이다.

솔직히 그전부터 학교에 가는 것이 너무 괴로웠어요. 그러던 중에 어머니가 집을 비우셨고, 저와 동생, 아버지 이렇게 셋만 남았죠. 어머니가 없어서 집안 일이 힘든 것은 사실 별 문제가 되지 않았어요. 요리할 사람이 없으니 식사는 거의 외식으로 해결했고요.

마음이 가장 불편했던 것은 아버지와 동생, 이렇게 셋이서 하는 식사시간이었어요. 어머니를 사이에 두지 않고 아버지와 직접 마주하고 있다는 것 자체만으로도 위가 따끔따끔 찔리는 것처럼 아팠습니다. 그리고 마침내 축하받는 생일날 밤, 갑자기 토하기 시작했는데 그것이 3~4시간 계속되었어요.

그 후로도 몸이 계속 나빠지더니, 잠도 제대로 이룰 수 없었고 아침에 일어나는 것도 힘들었어요. 그리고 멍하게 있는 시간이 많아지면서 무엇을 위해 공부를 해야 하는지도 혼란스러워졌죠. 세상의 색깔이 사라지고 흑백으로 바랜 것 같았어요. 그러면서 '지금 내 안에서 무언가 일어나고 있구나' 하고 느꼈습니다.

현실을 받아들이고 싶지 않은 어머니

고등학교 3학년 봄에 가까운 정신과에서 우울증으로 진단받아 약을 복용하게 되었다. 사치히코는 그 일을 아버지에게도 어머니에게도 알리지 않았다. 하지만 더 이상 숨길 수만은 없었고, 자신을 알아줄 누군가가 필요하다는 생각에 어머니께 사실을 털어놓았다. 하지만 결과는 역효과였다. 어머니 카요코는, 필사적으로 현실을 부정하려 했다.

'그럴 리가 없어!' 사치히코가 정신과에 다닌다는 것이 도저히 믿을 수 없었어요. 그런 약을 먹다 보면 몸이 망가지고 말 것이라고 생각했죠. 뭔가 문제가 있어서 약을 먹는 것인데, 부모에게 한 마디 상의 없이 처방해준 그 의사라는 사람이 이상하다고 생각했어요. 그래서 아들에게 "의사를 만나고 싶다"고 말했지만 "지금은 싫어요"라며 거절하더군요. 아들은 '지금은'이라고 말하고 있는데, 저는 '지금이 아니면 안 돼'라는 생각이었어요. 애간장이 타올라 그 길로 의사를 찾아갔죠.

'조금만 기다려주면 좋겠어요' 하는 것이 아들의 바람이었지만, 당시 저는 사실을 인정하고 싶지 않았던 것 같아요. 부모 몰래 정신과에 가서 약까지 복용하고 있다는 것에 대한 배신감이 더 앞섰던 거죠.

카요코는 의사를 만나러 갔지만 의사는 사치히코의 증상을 이야기해 주지 않았다. 오히려 싫다고 했음에도 불구하고 굳이 병원에 간 것이 사치히코에게 큰 상처를 입히고 말았다.

사치히코가 지금은 어머니가 병원에 가지 않으면 좋겠다고 말한 것에는 이유가 있었다. 병원에서는 초진 시에, 의사와 사적인 것들에 대해 꽤 많이 이야기한다. 그의 마음에 그늘을 드리운 문제들 중에는 사실 부모님 사이의 문제가 있었다.

사치히코는 오래 전부터 아버지에게 다른 여자가 있다는 것을 알았다. 그 외에도 이런저런 가정사를 의사에게 말했다. 그것을 어머니에게 알리고 싶지 않았던 것이다.

병원에 다니고 있다는 것을 어머니에게 이야기한 것은, 계속 감출 수도 없고 누군가에게 이해받고 싶다는 생각에서였습니다. 하지만 어머니가 병원에 가시는 것은 싫었어요. 그런데도 제 간청을 무시하고 가버리시다니! 조금이나마 있던 신뢰가 무너져버린 것이 큰 계기가 된 것 같습니다. 이제 아무도 믿을 수 없다고 생각한 거죠. 몸 상태도 비탈에서 굴러 떨어진 것처럼 더 나빠졌습니다.

사치히코의 성장 과정과 집안 분위기를 잠시 언급하면, 카요코의 남편 다카히코는 자신의 아버지가 경영하는 회사에 근무하고 있었다. 아버지가 쌓아 올린 수천 명의 직원을 거느린 회사였다. 그런 집안에서 카요코를 며느리로 맞아들였고, 얼마 되지 않아서 사치히코가 생겼다. 당시의 일을 카요코는 이렇게 말했다.

아이를 갖는다는 것에 대한 불안은 전혀 없었어요. 오히려 빨리 아이를 낳고 싶었죠. 하지만 사치히코가 태어나자 시어머니는 "남자 아이는 자기 아이라고 생각해서는 절대 안 된다. 장차 회사를 대표하는 아이라고 생각하고 잘 기르거라"라고 말씀하시더군요. 시아버님이 일궈내신 회사의 후계자로서 길러내라는 말씀이었죠. 그 말씀에 위화감이 느껴지더군요. 하지만 당시 저에게는 남편의 얼굴에 먹칠을 하지 않도록 아이를 쿠리타 가(家)의 장남으로서 훌륭하게 키울 거라는 야망이 있었습니다.

그렇게 경직된 가정인 까닭인지, 아이들과 아버지 사이의 대화는 거의 없었다. 사치히코에게는 아버지와 함께 보낸 기억이 거의 없다. 기억나는 것은 운동회 때 한 번 와준 것, 그리고 어딘가에서 함께 캐치볼을 한 적이 있다는 것, 딱 그뿐이었다. 어머니 카요코도 자신이 아버지의 역할까지 대신 했다고 하였다.

남편이 아이의 기저귀를 갈아주거나, 안아주거나, 함께 목욕을 했던 적이 한두 번 있었을까요? 지금도 기억나는 것은 사치히코가 세 살 되던 해의 어린이날이에요. 제가 계속 아이를 안고 다녔더니 너무 힘들어서 남편에게 대신 안아달라고 부탁했죠. 그러자 남편에게서 되돌아 온 한 미디는 "걷게 하면 되잖아"였어요.

남편은 어렸을 때도 집에 가정부가 많아서 부모님과의 직접적인 접촉이 별로 없어 외로웠다고 하더군요. 그러니 아이를 어떻게 다뤄야 하는지 몰랐을 테죠. 그런 상황이다 보니, 밤중에 아이가 울기라도 하면 저는 곧바로 아이를 안고 밖으로 나갔어요. 남편은 늘 밖에서 일하기 때문에, 집안일은 어떻게든 제가 꾸리고 지켜가야 한다는 생각이 강했던 거죠.

허망한 생일

쿠리타 집안에서는, 매년 크리스마스 파티와 사치히코의 생일 파티를 겹쳐서 했다. 축하파티에는 사치히코의 할아버지와 할머니도 오셨다. 하지만 즐거워야 할 파티는 당시의 사치히코에게 더할 수 없이 허망한 것이었다고 한다.

저희 집으로부터 몇 십분 거리에 할아버지, 할머니와 고모님이 살고 계셨어요. 어렸을 때 할아버지는 굉장히 무서운 사람이라고 생각했죠. 특별히 혼나거나 한 건 아니지만, 매우 엄하신 느낌이었어요.

할머니와 어머니의 관계를 보면서도 늘 어머니가 불쌍하다고 생각했어요. 크리스마스 파티 때도, 아침 일찍부터 청소하고 요리를 준비하는 등 무척이나 신경 쓰시는 어머니를 보면 안쓰러운 느낌이 들더군요. 그런 어머니를 보면서 '할머니께 무슨 트집이라도 잡힐까봐 걱정하시는구나', '아버지가 빨리 오시면 좋겠다' 하고 생각했죠. 그러다보면 저 또한 초조해져서 생일 같은 것을 축하받을 기분이 아니었어요.

또 그 당시에는 매년 여름과 정월마다 할아버지와 할머니, 고모님 가족과 함께 여행가는 것이 연례행사였어요. 그때에도 어머니는 몹시 신경을 곤두세우셨죠. 저는 가기 전부터 그것을 느끼고 있었고요.

잔치 때의 일에 대해서는 어머니 카요코도 비슷한 생각이었다.

겉으로는 아들의 생일이었지만 실제로는 시아버님과 시어머님을 맞이하기 위한 잔치였어요. 어른들과 아이들 상도 따로 차렸죠. 아이들은 조금만 떠들어도 곧바로 "예의가 없다"고 꾸중을 들었어요. 어릴 적 부모님이 생일 파티를 열어주시면, 모두 함께 시끌벅적하고 화기애애하게 즐기는 가정에서 자란 저로서는 적응하기가 힘들더군요.

하지만 "이렇게 하면 안 됩니다"라고 말할 수 있는 용기는 없었어요. 결국 저는 좋은 며느리로서 인정받고 싶다는 욕심으로 열심을 냈던 거죠. 돌이켜보면 제 마음은 '답답하다'며 하소연하는데도 모른 척 지냈던 것 같아요. 그런 엄마의 모습이 사치히코에게는 정말 외롭고 쓸쓸하게 비쳤을 거란 생각이 드네요.

아버지의 불륜이 남긴 것

사치히코에게 또 하나 괴로운 일이 있었다. 아버지의 불륜을 알게 된 것이다. 그는 초등학교 때부터 기미를 눈치 챘다. 그리고 더 이상 학교를 나가지 않고 힘든 나날을 보내던 무렵, 아버지의 비밀을 확실하게 알아버렸다. 어머니가 울면서 아버지와 말다툼하는 것을 본 적도 있었다. 그 당시 일기에는 "아무것도 못 들은 것으로 하자. 아침에 일어나면 아무것도 모르는 척 아버지와 어머니에게 인사를 드리자"라고 적혀 있다. 사치히코는 언제나 어머니가 가여웠다. 그래서 '내가 뭔가 해드려야 한다'고 생각했지만 어린 아이가 무엇을 할 수 있겠는가? 그가 내린 결론은 '어머니가 조금이라도 웃을 수 있게 해드리자'는 것이었다.

끊어져버린 마음의 연결고리

어머니를 웃게 해드리기 위해서는 먼저 어머니의 기대에 부응하는 착한 아이가 되어야 했다. 보통 때의 행동거지는 물론이고, 공부도 그 중에 하나였다. 마음의 병을 얻기까지의 그는 어머니의 입장에서 모든 것을 생각하고 행동했던 것이다. 어머니의 눈을 통해 아버지를 바라보던 사치히코에게는 어머니와의 마음의 끈이야말로 삶의 전부였다. 따라서 어머니가 사치히코의 부탁을 무시하고 병원을 찾아간 것은 그에게 깊은 상처를 남겼다. 그로 인해 어머니와의 연결고리가 허무하게 끊어지고 만 것이다.

그때까지 믿고 있던 것이 전부 무너져버리는 것 같았습니다. '더 이상 무엇도 믿을 수 없어', '그 누구도 신뢰할 수 없어'라는 생각이 들더군요. 그때까지는 힘들어도 거의 결석 없이 학교에 나갔지만, 더 이상 그렇게도 할 수 없었어요. '아무것도 생각하지 않으려면 어떻게 해야 하나' 하고 생각하던 중, '그래, 술이라도 마셔보자'는 결론에 이르렀고, 약과 술을 함께 먹으며 방황의 길로 점점 깊이 빠져들어 갔습니다.

매일 아침부터 밤까지 술을 마셨고 만취한 상태로 돌아다니다 경찰에게 붙들려 간 적도 있었어요. 어떤 한계를 넘어서니 '나는 곧 죽을 거야. 죽기 위해 지금 여기에 있어. 그것이 언제일까, 빨리 알고 싶어' 하고 생각하게 되더군요. 그래서 몇 번인가 스스로 손목을 그은 적도 있어요. 그렇게 자해를 하면서도 손목을 그어봤자 죽지는 않는다는 것을 알고 있었습니다. 단지 그 '아픔'이라는 감각을 느끼는 것이 신기했어요.

그 무렵 감각이라는 것은 거의 마비되어 있던 터라, 아프다는 감각이 묘하게도 신선하게 느껴졌거든요.

'아, 아직은 살아있구나' 하는 느낌이 들었지만, 그것은 '기쁨'보다는 '젠장' 하는 느낌에 가까웠어요. '나를 위해서 주저 없이 죽는 것조차 할 수 없는 건가' 하는 생각마저 들더군요.

뭐라고 말하면 좋을까요. 사실 저는 스스로를 힘든 상황으로 몰고 가는 것도, 스스로에게 상처 입히는 것도, 부모님께 어필하기 위해서였어요. '나에게 상처 입히는 일조차 나를 위해서가 아니란 말인가!' 이렇게 생각하니, 더욱더 아버지와 어머니가 미워졌습니다.

전환점이 된 어머니의 결의

사치히코가 그 지경에 이르렀을 때는 어머니도 최악의 상태에 빠져 있었다. '내일 아침 아들의 방문을 열면, 아이가 죽어 있을지도 몰라' 하는 불안에 휩싸였던 것은 앞에서 이미 소개했다.

사치히코와 다섯 살 터울의 남동생은 형이 고등학교에 다닐 때 같은 재단의 중학교에 다니고 있었다. 사치히코는 자신의 상태가 심각했을 때 괴로워했을 동생에게 지금까지도 미안한 마음이라고 한다. 이유인즉슨 형제의 방을 구분해 놓은 것은 단 하나의 블라인드였다. 때문에 동생은 형이 방황하는 모습을 처음부터 끝까지 보았던 것이다.

형이 학교에 가지 않을 때는 "형, 학교 가면 재미있어. 같이 가요"라고 말하며 언제나 격려했다. 하지만 형이 졸업을 코앞에 두고 자퇴서를 내버리자 두 달 후부터는 자신도 똑같이 학교에 나가지 않았다.

카요코는 천진난만한 장난꾸러기 둘째가 형과 똑같이 학교에 나가지 않게 되리라고는 생각지도 못했다.

"넌 힘내서 학교에 잘 다녀야지. 공부도 형의 몫까지 해내면 좋을 텐데…"

같은 말을 해오던 터였다. 카요코에게 있어서는 엎친 데 덮친 격이었다. 무엇을 어떻게 해야 할지 몰라, 자신의 불행을 슬퍼할 뿐이었다.

하지만 괴로움이 어떤 한계를 넘어서자 문득 사치히코에 대한 새로운 각오가 생겨났다. '혹시 아이가 정말로 바라는 것이라면 문을 열었을 때 죽어 있더라도 그것을 받아들이자.'

엄마와 아이의 생각이 만났을 때

언제인가 사치히코의 방문이 열려 있어 들여다보았더니 구토한 채로 쓰러져 있었어요. 그렇게 깔끔하던 아이의 얼굴이 구토물로 범벅이 되어 있더군요. 설사 죽더라도 그것을 받아들이자던 각오였지만, 순간 '만약 죽고 싶지 않은데, 구토물에 숨이 막혀 죽어버리면 어떡하나' 하는 생각이 스치더군요. 하지만 이미 제 손으로는 어찌할 수 없는 상황이었어요.

저는 종교는 없었지만, 만일 아이가 죽은 것이라면 '사치히코야, 그렇게 힘들다면 이곳 하늘나라로 오렴' 하고 하나님이 데려가신 것이라 생각했어요. 저에게는 이미 아이를 구해줄 여력 같은 것은 남아 있지 않았어요. '나 같은 엄마에게 맡겨두기에는 아이가 너무 가엽다고 생각하셔서 데리고 가시는 거겠지. 그렇다면 높으신 하나님 같은 분께 맡기는 게 나을 거야.' 그렇게 생각했습니다.

"술을 먹지 마라"라든지 "약을 먹지 마라" 같은 말을 더 이상 하지 않게 된 것은 이때부터였어요.

……

어느 때부터인가 어머니가 아무 말씀도 안 하셨어요. 제가 눈앞에서 약과 술을 함께 먹고 있는데도 그저 가만히 보고 계셨어요. '뭔가 평소와는 다른데…' 하고 생각했죠. 그러다 어머니가 지금 이 모습이 바로 저라는 것을 인정해주셨다는 것을 알았어요. 얼마간은 어머니의 그 결의를 시험해보듯이, 일부러 눈앞에서 술을 퍼붓듯이 마셔보았지만 그래도 어머니는 변함없는 모습이셨어요. '아, 진심인가 보구나…' 하고 받아들이자 마음이 한결 가벼워지더군요.

어떤 의미에서는 '이 모습을 좀 봐달라고요' 하고 저 자신을 어필하기 위해 술이나 약을 퍼붓듯 먹었던 것인데, 어머니가 절 그렇게 인정해주시자 의미가 없어지더군요. 그 이후로 약과 술의 양을 줄었어요. 그러자 사고능력이 조금씩 회복되고 메말라 있던 가슴 속에서 한줄기 물이 스며들어 오는 것 같았습니다.

처음 참석한 부모들의 모임

카요코의 결의는 큰 전기가 되었다. 카요코가 부모들의 모임에서 개최하는 세미나에 모습을 비춘 것은 바로 그 무렵이었다. 사치히코의 이야기를 들은 친지들이 전문가에게 찾아가볼 것을 권했다고 한다.

당시 그녀에게는 근본적인 문제의식이 부족해 보였다. 얼굴표정에 '내가 왜 이런 데에 나와야 하는 거지?' 하는 불만이 드러났다. 아이의 문제는 사실 부모 자신의 문제로, 아이는 부모의 문제에 대해 호소하며 문제행동을 일으키는 것임에도 불구하고, 그녀에게는 '나는 이렇게 불행하다'고 하는 자기연민밖에 없었던 것이다.

나중에 카요코에게 들은 이야기인데, 첫 세미나에서 그녀가 아들의 문제를 호소하며 "이제는 제가 미쳐버릴 것 같습니다" 하고 말했을 때 내가 빙긋 웃었다고 한다. 다른 참석자 중에서도 비슷하게 웃는 사람이 있어서 카요코는 "뭐야 이 사람들!" 하며 불쾌했다고 한다. 내가 웃었는지는 생각나지 않지만 그랬을 수도 있을 것 같다. 자녀가 예상하지 못한 문제를 일으킬 때 카요코와 같은 반응을 보이는 사람이 매우 많기 때문이다.

물이 눈물로 바뀌다 – 최초의 카운슬링

앞에서도 언급했듯이 자녀가 문제를 일으키는 것은 아이 자신의 문제라기보다는 부모에게 "그래도 괜찮은 거야? 정말 행복한 거야?" 하고 호소하는 것이다. 사치히코의 문제를 해결하기 위해서는 부모의 삶이 먼저 바뀌어야 함에도 불구하고, 당시의 카요코에게는 그런 의식이 없었다.

비슷한 무렵, 사치히코도 상담을 받으러 왔다. 그때의 일이 매우 인상 깊이 남아 있다.

상담실에 들어가자마자 제가 처음 한 말은 "물을 주세요"이었습니다. 지금 생각해보면 무슨 말을 한 건가 싶지만, 가나모리 선생님은 컵에 물을 따라주셨죠. 한 모금 넘기자, 갑자기 소나기가 내리듯 눈물이 쏟아져 나왔어요. 마셨던 물이 눈물이 된 것처럼 멈추질 않더군요.

"많이 힘들었군요."

선생님은 이 한 마디만 하시고는 말없이 휴지를 건네주셨습니다. 그리고 눈물이 멈출 때까지 기다려주셨죠. 그때 제가 느낀 것은 '아, 이 사람은 지금의 나를 있는 그대로 받아들여 주는구나' 하는 것이었습니다. 그때까지는 저를 만나는 모든 사람들은 "술은 끊는 게 좋아요"라든지 "학교에 나가도록 하세요"와 같이 무언가를 요구했습니다. 그런데 선생님만큼은 아무 말씀도 없었어요. 그것이 왠지 모르게 기뻐서 '이 사람이라면 믿어도 될지도…'라는 생각이 들더군요. 그래서 그런지 저 스스로도 놀랄 만큼 그때까지의 이야기들을 한숨에 털어놓고 말았습니다.

정말 그는 한동안 울음을 그치지 못했다. 운다는 것은 마음의 정화작용 중 하나다. 마음속 응어리가 씻겨 내려가기도 하고, 마음이 차분해지기도 한다. 또 누군가 앞에서 울 수 있다는 것은 마음을 터놓을 사람이 있다는 것이기도 하다. 마음에 벽을 쌓아두고 있으면 울 수조차 없기 때문이다.

바로 그 무렵에 어머니 카요코는 '지금 있는 그대로의 사치히코를 받아들이자'고 결심했다. 그런 결심 덕분이었는지 얼어붙어 있던 아들의 마음도 차츰 녹아내리기 시작했다. 그 후에도 몇 번인가 더 그와 이야기를 나누었다.

놀라운 것은 사치히코의 흡수력이었다. 당시의 그는 모든 것을 어머니의 눈을 통해 바라보던 경향이 있었다. 그것을 지적하면서 "이제부터는 먼저 자신을 들여다보는 연습을 해갑시다" 하고 말하면, 돌아갈 때 이미 그것을 온몸으로 이해하고 받아들인 상태가 되어 있었다.

집에 돌아가서는 반드시 어머니와 그 이야기를 나누었다. 다음에 어머니 카요코를 만나면, 내가 사치히코에게 알려줬던 일들을 흡수하고 있었다. 둘은 마치 캐치볼을 하듯 이해를 나누고 있었기에 모든 것이 빠른 속도로 회복될 수 있었다.

부모가 먼저 변하면 자녀도 함께 변한다

어머니가 변하면 자녀도 따라서 변한다. 자녀가 변하지 않는 것은 어머니가 변하지 않았기 때문이다. 사치히코에게 있어 또 한 가지 놀라운 것은 술과 약들을 불과 1년 만에 끊었다는 사실이다. 지금까지 경험에 비추어보면, 2~3년만 걸려도 빠른 편에 속한다. 사실 나는 그와 상담을 하면서도 입원을 시키려면 어느 병원이 적당할지, 가족과의 알력에서 벗어나도록 자취를 해보게 하면 어떨지 등을 검토하고 있었다. 또한 그가 정상적인 생활을 하기 위해서는 어떤 방법들이 있을지도 생각하고 있었다. 그런데 불과 1년 만에 과다하게 마시고 복용한 술과 약에서 손을 떼는 것을 보면서 놀라움을 금치 못했다.

아버지와의 관계를 새롭게 한 여행

그의 치료에 탁월한 효과가 있었던 것 중에 여행이 있다.

"그것 좋네요."

그가 여행을 간다고 말했을 때 나도 적극 권했다. 여행은 짧지만 혼자서 삶을 꾸려볼 수도 있고, 자신을 들여다볼 수도 있는 좋은 기회가 되기 때문이다.

시작은 아버지의 출장을 따라나선 이탈리아 여행이었다. 어머니 카요코는 부자가 단둘이 간다는 것에 몹시 불안해했다. 한때는 '죽여버리고 싶다'고까지 했던 아버지였기에 그럴 만도 하다. 하지만 걱정할 필요가 없는 근심이었다. 그 여행은 부자의 관계를 새롭게 한 첫 걸음이 되었기 때문이다.

아버지와 둘만의 여행이라는 것은 그때까지의 저로서는 생각할 수 없던 일이었습니다. 그래도 '뭐, 괜찮겠지. 그냥 따라가는 것이기도 하고…'라고 생각할 수 있었던 것은, 부모님이나 가족에 대한 저의 시선이 달라져 있었기 때문인 것 같아요. 그때까지 어머니의 눈을 통해 보던 것을 이제는 '어머니는 어머니, 아버지는 아버지, 나는 나'라는 식으로 볼 수 있게 되었거든요. 아버지와의 여행은 정말 즐거웠습니다.

물론 밤에 아버지가 너무 일찍 잠들어버리셔서 좀더 놀러 나가고 싶어도 그럴 수 없었던 작은 문제들은 있었지만, 많은 대화를 나누었고 많은 것을 얻었습니다. 싫다는 생각에 시도해보지도 않았다면 예전과 다름없었을 테지만, 역시 일단 행동으로 옮겨보는 게 중요하다는 것을 깨달았습니다. 그때부터 저는 해외여행에 빠져들게 되었죠.

여행은 사치히코가 자신을 회복하는 데에 큰 밑거름이 되었다. 그후 사치히코는 혼자서 유고슬라비아와 보스니아, 중국과 독일 등을 다니고 있다. 일본을 떠나 해외에 나가보면 일본의 것들이 보다 확실히 보인다. 마찬가지로 가족을 떠나보면 그때까지 보이지 않았던 가족의 모든 것들을 더 잘 느낄 수 있다. 사치히코에게 그것은 아버지를 다시 보는 계기가 되었다.

해외에서 빈곤한 사람들이나 삶에 치여 고통당하는 사람들을 보면서, 문득 '내가 이렇게 여행을 할 수 있는 것은 아버지의 덕분이구나' 하는 생각이 들었습니다. 그 사람들에 비하면 저는 축복받은 삶을 살고 있는 셈이죠. 그렇게 생각하자 감사의 마음이 싹트기 시작했습니다.

게다가 대개는 여행을 하고 있으면 다시 돌아가고 싶지 않다고 하는데, 저는 돌아가는 비행기 안에서 '이제 어머니를 만날 수 있어. 가족들도 만날 수 있어' 하는 즐거운 설렘으로 두근거리기까지 하더군요. 여행에서 돌아올 때면 가족과 제 생활에 대한 애정이 더 커진 것을 발견합니다. 그것이 여행을 통해 얻은 가장 큰 수확인 것 같아요. 한참 힘들었을 때는 아버지, 어머니는 물론이고 세상 모든 것이 미움의 대상이었습니다. 하지만 그것들이 점점 받아들여졌고 심지어 사랑할 수 있을 것 같았습니다.

마지막으로 남은 부모님의 관계

사치히코는 이렇게 가족과의 관계를 회복해갔다. 그럼 카요코와 남편과의 관계는 어떻게 변했을까? 여기에도 믿을 수 없는 변화가 있었다.

실은 사치히코가 심각한 상태에 빠져 있을 때, 카요코는 두 아이를 데리고 새로운 집으로 이사했다. 그것은 사치히코의 소망이기도 했다. 하지만 결과는 좋지 않았다.

사치히코의 상태는 더욱 나빠졌고, 술과 약으로 몸을 가누지 못하는 날들의 연속이었다. 사치히코는 "아버지를 죽여버리겠다"며 울부짖는 한편, "가족 넷이서 모여 함께 식사하고 싶어, 그게 내 꿈이야"라고 말하기도 했다. 그의 마음속에서 상반되는 감정이 싸우고 있었던 것이다.

카요코는 남편의 불륜 상대와 한 번 대면한 적이 있었다. 그리고 그후로 가족들에게 큰 변화가 일어났다. 시아버지의 회사가 도산하여 남편은 직장을 잃고 일가가 살던 집까지 잃고 만 것이다. 지금은 문제가 해결되어 예전처럼 일가가 함께 살고 있지만, 그 계기에 대해 카요코는 이렇게 말했다.

제 생일날 별거 중이던 남편으로부터 갑자기 전화가 걸려왔어요. "함께 살고 싶어." 당시는 사치히코가 독일로 여행을 떠나 있을 때로, 상태가 호전되는 중이었죠. 남편과의 결합이 아이에게 오히려 해가 될지도 모른다는 생각이 들더군요. "이제 와서 새삼스럽게 왜?" 하고 묻자 어이없는 답이 돌아왔어요.
"갈 곳이 없어."
그때부터 남편은 집으로 들어와 소파를 침대 삼아 지내게 되었고, 얼마 후 남편의 퇴직금으로 집을 사서 지금까지 함께 지내고 있습니다. 사치히코는 내게 "정말 아버지를 받아들일 수 있어요? 그래서 행복한 거예요?" 하고 묻더군요.

"잘은 몰라도 더 이상 나 자신을 힘들게 하는 일은 하지 않을 거야."

저는 그렇게 대답했습니다.

모두에게 시작된 새로운 자기 발견

나는 이제 남은 것은 카요코와 남편의 문제라고 생각했다. 카요코 자신이 스스로 해결하지 못하면, 예전과 같은 갈등이 다시 불거져 나올 것이기 때문이다. 그리고 또 그것이 사치히코의 마음에 영향을 미칠지도 모르는 일이었다. 솔직히 조금 걱정이 되기도 했다. 하지만 결과부터 말하면 모든 것이 괜찮았다.

겉보기에는 원상태로 돌아온 것이었지만, 속은 꽤 달라져 있었다. 이미 이전의 쿠리타 가(家)는 무너졌다. 카요코는 더 이상 남편의 기분만 살피며 살지 않는다. 아이만을 바라보며 살지도 않는다. 어디까지나 '나는 나'일 뿐이며, 자신의 즐거움을 소중히 여기며 지내고 있다. 남편 역시 달라졌다. 카요코의 말로는, 다른 식구들의 방에 들어갈 때 노크해야 한다는 규칙을 겨우 지킬 수 있게 되었다고 한다.

이전에 카요코는 아들의 생일 파티를 겸한 크리스마스 파티가 고통이었다고 말했다. 하지만 자신의 삶을 살게 되고부터 맞은 아들의 스무 살, 스물한 살의 생일은 '이게 바로 생일이야' 하는 마음으로 축하할 수 있었다고 한다.

가끔씩 사치히코와 둘째 아이 그리고 저, 이렇게 셋이서 깔깔거리며 큰 소리로 웃곤 합니다. 그 순간이 제일 행복하죠. 이런 말을 하면 비웃을지도 모르지만, 가족들에게 흐르는 평화롭고 자연스러운 공기가 정말로 행복을 느끼게 해요.

가끔씩 '두 아들 모두 학교를 그만두고 말았네' 하는 생각이 들어요. 그 정도로 평소에는 잊고 지내는 거죠. 무엇보다 아이들이 행복하게 자기다운 삶을 살아주었으면 하고 바랍니다. 앞으로의 인생도 기대가 되요. 언젠가는 사치히코가 누군가에게 "네 인생, 다시 한 번 고쳐서 살고 싶어?" 하는 질문을 받았다고 하더군요. 그때 아들은 "나는 지금까지의 인생을 그대로 다시 살아보고 싶어"라고 대답했대요. 그 말을 듣는데 저도 모르게 눈물이 쏟아지더라고요.

그래요. 저도 누군가에게 똑같은 질문을 받는다면, 사치히코와 같은 대답을 했을지도 모르겠네요.

믿고 걸어 나가다 보면…

작년부터 사치히코는 어느 사진 에이전시에서 일을 시작했다. 반 년간 독일에서 지내다 돌아오자마자 통역 일을 의뢰받아 주말도 없이 일하느라 녹초가 되었지만, 맡은 일을 착실하게 해냈다.

그 성과 때문이었을까? 에이전시가 정식으로 일을 제안했다. 그는 이제까지의 자기 일들을 모두 이야기했다. 하지만 그 회사는 일을 의뢰했고 현재 계약직으로 일하고 있다. 1년이 지나면 더 좋은 소식이 들려올 것 같다. 끝으로 사치히코가 부모들의 모임에서 발표한 내용을 소개한다.

"믿음을 갖고 나아가다보면, 눈을 감고 있어도 가장 좋은 길을 찾아갈 수 있습니다. 멀지는 몰라도 한 발 한 발 앞으로 나아가면, 최종 목적지이라고는 말할 수 없지만 그 무언가에 다가가는 것 같은 기분이 듭니다."

본문에서도 말했지만, 아이가 문제를 일으키는 것은 부모에게 "그렇게 해서 행복해지는 거야? 정말 행복한 거야?" 하고 질문을 던지는 것이다. 사치히코의 방황 역시 어머니가 살아온 방식에 대한 반기이자, 망가진 자신의 모습을 있는 그대로 받아주길 바라는 호소였다.

하지만 대부분의 경우, 아이가 문제를 일으키면 부모는 자신의 입장에서 상황을 받아들인다. 그리고 당황스러움과 괴로움에 어쩔 줄 몰라 한다. 카요코도 처음 세미나에 왔을 때 "미쳐버릴 것 같다"며 괴로워했다.

하지만 그녀는 금방 문제의 핵심을 깨달았다. 그때부터 어머니와 아이의 회복이 시작되었는데, 그들의 경우 구리타 가(家)라는 집안의 문제가 맞물려 있었다. 낡은 가부장적 가치관 아래 남편과 집안을 세우며 살아온 그녀에게는 문제를 스스로 깨닫고 바로 해결하는 것이 쉽지 않았다.

가족들이 본래의 관계를 회복하기 위해서는 집안에 있는 기존의 의식 자체를 무너뜨릴 필요가 있다. 카요코가 아이들과 함께 집을 나온 것은 그 첫걸음을 내디딘 셈이었다. 그리고 쿠리타 가(家)에게는 불행한 사건인 회사의 부도 역시 카요코에게는 순풍이 되어주었다. 그리고 지금, 가정을 다시 한 번 일으켜 세워가는 과정에서 그 원동력이 되어주는 것은 역시 사랑이다. 카요코는 남편을 사랑하고, 사치히코 또한 마음 깊은 곳에서부터 그것을 바란다. 카요코는 "남편을 존경까지는 할 수 없지만 존중할 수는 있을 것 같아요"라고 말한다.

자기 자신이라는 것이 확실하게 확립되고 자신의 삶을 즐기게 되면, 상대를 인정하는 마음의 여유도 생긴다. 아이에 대해서도 마찬가지다. 카요코가 있는 그대로의 사치히코를 받아들였기 때문에 지금의 사치히코가 있는 것이다. 머지않아 가족 모두 각기 자신의 행복을 찾아 즐길 수 있을 것이다.

머리말에서 최근 아이들의 우울증이 늘고 있는 것에 대해 언급했다. 실은 어머니들 또한 아이 못지않게 우울증으로 고통당하고 있다. 그것도 아이와 접할 시간이 충분한 전업주부에게 많다.

경제기획청의 조사 결과, "육아를 하면서 자기 자신이 점점 없어진다고 느낀 적이 있습니까"라는 질문에 "그렇다"고 응답한 경우가 직장여성은 50%였지만 전업주부는 70%에 달했다.

여성 우울증은 주로 집안에 갇혀 육아에만 전념하면서 시작되는 경우가 많다. 또 다른 흐름은, 명문 중학교 시험을 눈앞에 둔 초등학교 고학년 부모들의 묘한 경쟁의식 가운데 생기기도 한다.

어떤 계기로 인해 자녀를 가르치는 데 자신감을 잃고 '내가 틀린 것인가' 하고 위축되었던 경험은 누구나 있을 것이다. 그럴 때에 부모들은 당황하며 자신감을 잃는다. 그러면서 '어떻게든 하지 않으면 안 돼' 하고 발버둥치지만 그것이 오히려 아이의 상태를 악화시키곤 한다. 아이의 상태가 조금도 나아지지 않으면 '내가 이렇게 애를 쓰고 있는데…' 하는 원망과 불만으로 이어지고, 그것을 다시 아이 탓으로 돌리면서 문제는 점점 더 심각해지고 만다.

나는 "자식을 가르치려면 부모를 가르쳐라"라고 말한다. 부모는 '아이를 위해서 애쓰자'보다는 '나 자신을 즐기자'라고 생각해야 한다. 그것이 아이에게도 훨씬 좋은 결과를 가져다준다.

이 책에서도 소개했지만, 아이가 마음의 문제를 안고 괴로워하는 것을 보다 못해 상담을 왔을 때, 나는 반드시 어머니 본인의 성장과정을 묻는다. 가능하면 어머니, 상황에 따라서는 아버지도 상담을 받아볼 것을 권한다. 그러면 대부분의 사람들은 한결같이 "아이의 문제로 왔는데 왜 부모가?" 하고 묻는다. "저는 이렇게 열심히 살아왔으니, 문제가 있다면 분명 아이 쪽일 겁니다"라고 자신 있게 말하며, "다른 형제들에게는 아무 문제도 없는데, 이 아이만이 문제를 일으켜요. 그러니 저희에게 문제가 있을 리

없죠”라고 덧붙인다.

앞에서도 소개했지만, “형이나 누나, 남동생이나 여동생에는 아무 문제가 없었는데, 이 아이만 문제를 일으킨다”고 하는 경우가 종종 있다. 나는 마음의 병은 ‘마음의 감기’와 같다고 말한다. 어떤 환경이나 요인이 있다면 누구라도 걸릴 수 있다는 것이다. 단지 발병하는 사람과 하지 않은 사람이 있을 뿐이다. 보통 감기의 경우, 설령 바이러스가 체내에 들어와서 감염되었어도 발병하지 않는 사람이 있는 것처럼, 마음의 병도 마찬가지다.

발병하지 않는 사람이 있다면 그것은 면역력이 있기 때문이다. 어떤 연유로 면역력이 떨어져 있으면, 같은 균이 체내에 침입했을 때 바로 발병하고 만다. 마음의 감기도 이와 같아서, 같은 형제자매 간이라도 저항력이 있는 사람과 약한 사람이 있다. 같은 상처나 스트레스를 받아도, 문제가 표면화되는 사람과 그렇지 않은 사람이 있는 것이다.

그렇기 때문에, 다른 형제는 아무 일도 없었다고 해서 “부모의 문제일 리가 없어”라고 단정 짓는 것은 잘못이다. 게다가 그 시점에는 아무 문제가 없었지만 얼마 후에 드러나는 경우도 있다. 이 책에서도 다루었던 경우지만, 형제 중 누군가에게 문제가 생기면 부모는 그 아이를 살피는 데 집중하느라 다른 자녀에게 소홀해지는 경우가 많다. 부모의 관심에서 조금 벗어나는 것이 때로는 좋은 효과를 가져오는 수도 있으나, 이러한 상황은 반대로 문제가 없었던 자녀에게 큰 스트레스를 줄 수도 있다.

'아이의 문제'가 '부모의 문제'라는 것을 인식한다면, 다음으로 할 수 있는 일은 무엇일까? 각 사례의 마지막에 있는 〈마음의 진료 기록〉에서 이야기했지만, 먼저 자녀를 사랑해야 한다. 사랑의 구체적 표현은 '지금 있는 그대로의 아이'의 좋은 면도 나쁜 면도 모두 받아들이고, 마음으로 감싸주는 것이다. 말로는 간단하지만, 현실에서는 좀처럼 쉽지 않다. 특히 '최선을 다하고 있다'고 자부하는 부모일수록 '지금 있는 그대로의 아이'를 받아들이기가 더욱 어렵다.

가령 아무 문제가 일어나지 않았다 하더라도, 부모는 주관적 기준에 견주어 아이를 바라보기 쉽다. 그리고 그 기준은 세상에 대한 체면이라든가 비교대상으로 끌어온 어떤 상대가 되는 경우가 많다. 더욱이 문제가 일어났을 때 부모는 있는 그대로의 아이를 받아들이려 하지 않는다. 그때조차 세상의 눈을 의식하여 그것을 통해 아이를 바라보려고 한다.

'학교에 안 나간다니 말도 안 돼!' '이대로 내버려두다가는 아이의 장래가 망가지고 말거야!' 이것을 부모는 '걱정'이라고 말하겠지만, 실은 부모 자신의 불만족에 대한 불안인 것이다. 즉 처음부터 아이를 위해서가 아닌 부모의 만족을 위해 기준을 세워두었던 것이다. 아이를 있는 그대로 받아들이기 위해서는 이 주관적인 척도를 반드시 버려야 한다.

아이를 있는 그대로 사랑하기 전에 정말 중요한 것이 있다. '자기 자신에 대한 사랑'이다. 아이를 있는 그대로 받아들이는 것도 중요하지만, 더욱 중요한 것은 자기 자신을 '지금 있는 그대로, 통째로 받아들이는' 일, 즉 자신을 사랑하는 일이다. 방법은 아이에 대한 사랑과 똑같다.

빌려온 잣대로 자신을 재려 해서는 안 된다. 꾸미지 않은 자신

을 돌아보고 '아이를 위해서'가 아닌 '나 자신을 위해서' 살아가야
한다. 그렇게 하면 자연히 자기 자신이 좋아지고, 사랑할 수 있게
된다. 또한 관용의 마음이 생긴다.

자신을 사랑할 수 없으면 상대방도 사랑할 수 없다. 상대가 어
린 아이라 할지라도 말이다. 자신을 진심으로 사랑할 수 있어야
아이도 진심으로 사랑할 수 있다. 사랑은 분명 따뜻한 파동이 되
어 아이에게 전해져 아이 역시 자신을 사랑하게 될 것이다. 그리
고 긴 겨울 동안 얼었던 땅이 밑바닥부터 녹아가듯, 조금씩 천천
히 마음이 풀릴 것이다.

이 책을 읽은 여러분은 각각의 사례들로부터 많은 도움을 얻
었을 것이다. 그 충만한 에너지로 사랑을 각 가정에서 부드럽게
키워갈 수 있기를 간절히 기원한다.

어머니의 행복은 모두의 행복이기 때문이다.